Erzählen und Bewegen
Bewegungsgeschichten für Kinder

Gisela Stein

Erzählen und Bewegen

Bewegungsgeschichten für Kinder

Meyer & Meyer Verlag

Erzählen und Bewegen
Bewegungsgeschichten für Kinder

Bibliografische Information der Deutschen Nationalbibliothek
Die Deutsche Nationalbibliothek verzeichnet diese Publikation in der Deutschen
Nationalbibliografie; detaillierte bibliografische Details sind im Internet über
<http://dnb.d-nb.de> abrufbar.

© 2011 by Meyer & Meyer Verlag, Aachen
Auckland, Beirut, Budapest, Cairo, Cape Town, Dubai, Indianapolis,
Kindberg, Maidenhead, Sydney, Olten, Singapore, Tehran, Toronto
Member of the World
Sport Publishers' Association (WSPA)
Druck: B.O.S.S Druck und Medien GmbH
Satz: www.satzstudio-hilger.de
ISBN 978-3-89899-687-7
E-Mail: verlag@m-m-sports.com
www.dersportverlag.de

Inhalt

Vorwort

Mit diesem Buch wird eine neue Reise ins Bewegungsland angeboten, in ein Land voller spannender Erfahrungen, Erlebnisse und mit so manchen lustigen Überraschungen. Aber wo liegt eigentlich dieses Land und wie kommen wir dorthin? Selbst nach ausgiebigem und sorgfältigem Suchen ist es in keinem Atlas und auch nicht in den bunten Katalogen der Reiseunternehmen zu finden. Aber wenn man wichtige Voraussetzungen mitbringt, hat man die Chance, dorthin zu gelangen. Denn nur, wer Fantasie und Kreativität mitbringt oder sich zumindest auf fantasievolles Tun einlässt, kann mit den drei Hauptakteuren in diesem Buch, sie heißen Max, Axel und Nina, ins Bewegungsland reisen. Möchtet ihr mitkommen?

Der Erfolg des ersten Buchs mit Bewegungsgeschichten hat gezeigt, dass ausreichend Interesse an weiteren Reisen besteht. Darum machen wir uns erneut auf den Weg in das Land der Fantasie, denn dort können wir Dinge erleben, die in der Realität nicht möglich sind. Da werden nachts die Spielsachen im Kinderzimmer wach und feiern eine Party, da krabbeln Gummibärchen aus der Tüte und da kann man in einem völlig trockenen Raum in einer Pfütze spielen.

Dieses Buch will Ideen geben, wie man mit Kindern fantasievoll Bewegung erleben kann, gedacht ist an Kindergruppen der unterschiedlichen Träger, die sich mit Bewegung im Vorschulalter befassen und auch an Schulklassen der ersten Grundschuljahre. Es hält aber auch Vorschläge für Eltern und Großeltern bereit, die zu Hause mit ihren Kindern spielen und ihnen Zeit schenken möchten, in denen sie sich ganz auf die Kinder einstellen, ihnen vorlesen oder erzählen.

Die Hauptdarsteller in diesem Buch sind drei Kinder, die es nicht mögen, stundenlang vor dem Bildschirm zu sitzen, die sich lieber bewegen und ihre eigenen Erfahrungen machen möchten. Bewegungsfreude ist ein besonderes Merkmal unserer drei kleinen Knirpse und durch ihre Lust am Entdecken erschließen sie sich Erfahrungsräume, die sie zu einer gesunden Entwicklung brauchen. Max, Axel und Nina möchten auf diese Entdeckungsreisen ganz viele Kinder mitnehmen!

Durch den zunehmenden Medienkonsum kommen Erfahrungen aus erster Hand, Erfahrungen, die durch eigenes Handeln und Erleben gemacht werden, viel zu kurz. Hinzu kommt, dass die Möglichkeiten, in ihrer näheren Umgebung selbstständig auf Entdeckungsreise zu gehen, immer weiter eingeschränkt werden. Zunehmender Verkehr, Verbote und Gefahren machen ein Erkunden und Begreifen im häuslichen Umfeld kaum möglich. Dies führt dazu, dass die Kinder immer früher Konzentrationsmängel, Aggressivität, ja sogar gesundheitliche Defizite entwickeln, dass Kleinkindern unter 10 Jahren schon Physio- und Ergotherapie verschrieben werden. Unfassbar ist, dass bereits Kleinkinder unter drei Jahren laut der Untersuchung einer Krankenkasse wegen Rückenschmerzen behandelt werden müssen.

Leider oder zum Glück gibt es noch keine Pille gegen Bewegungsmangel, deshalb müssen wir uns selbst Gedanken darüber machen, wie wir die Bewegungswelt der Kinder wieder erweitern können, wie wir Bewegungsfreude mit Bewegungserlebnissen verknüpfen können. Dazu soll dieses Buch einen kleinen Beitrag leisten.

In den beiden Kapiteln „Kurzgeschichten" und „Bewegungsgeschichten" findet man unterschiedlich lange Beiträge, die je nach Bedarf und Planung in den Ablauf der Stunde eingebaut werden können. Die „Rückengeschichten" am Ende des Buchs werden als Partnermassagen durchgeführt und eignen sich als Ausklang einer erlebnisreichen Stunde oder vor dem Schlafengehen als liebevolle, spürbare „Gute-Nacht-Geschichte".

Dass man dieses Buch immer wieder gern in die Hand nimmt und es mit großer Motivation in die Praxis umsetzt, daran hat Kathrin Klotzki-Progri mit ihren wunderschönen und fantasievoll gezeichneten Illustrationen großen Anteil.

Durch das Erzählen oder Vorlesen der Geschichten
kann sich bei vielen Kindern in mancherlei Hinsicht etwas bewegen,
das wünscht sich die Autorin Gisela Stein

I Einführung

Was sind Bewegungsgeschichten?

Die Antwort ist denkbar einfach: Es sind Geschichten, die man Kindern erzählt oder vorliest und die dann von ihnen in Bewegung umgesetzt werden. Kinder lieben solche Geschichten, in denen sie mit viel Fantasie in die unterschiedlichsten Rollen schlüpfen können. Wie spannend ist es doch, sich vorzustellen und zu erleben, was sich nachts im Kinderzimmer abspielt, wie aufregend es ist, einen verlassenen Schuppen zu entdecken und sogar darin zu spielen! Hier kann auch ein ängstliches Kind mutig und stark sein und hier kann man sich unausgesprochene Wünsche erfüllen.

Immer häufiger hört und liest man davon, dass sich viele Kinder zu wenig bewegen, dass sie täglich zu lange still sitzen, zum Beispiel vor dem Fernsehgerät oder bei der Beschäftigung mit Videospielen. Dieser auch bei kleinen Kindern immer länger ausgedehnte Medienkonsum führt dazu, dass sie in ihrer gesundheitlichen und auch in ihrer Persönlichkeitsentwicklung beeinträchtigt werden. Gerade weil wir wissen, dass ihre Entwicklung als ganzheitlicher Prozess abläuft, sie also ihre Umwelt, ihren Körper und auch die Menschen, mit denen sie in Kontakt kommen, durch Bewegung wahrnehmen und kennen lernen, gibt es also nichts Wichtigeres, als ihnen Bewegungsangebote zu machen, die sie aus ihrer Konsumhaltung herausholen! Dies kann unter anderem durch das Erzählen oder Vorlesen von speziell dazu erdachten Geschichten geschehen, Geschichten aus der Erfahrungs- und Erlebniswelt der Kinder, die dann mithilfe ihrer Fantasie in Bewegung umgesetzt werden können.

Warum sind Bewegungsgeschichten wichtig und wertvoll?

Kinder lernen beim Spielen. Hier entdecken sie ihre Umwelt und erwerben dabei wichtige Erfahrungen über sich selbst, unbekannte Gegenstände und unbekannte Vorgänge. Sie setzen sich mit allem auseinander, was sie selbst erleben. Alle diese Erfahrungen müssen in bereits vorhandenes Wissen eingeordnet und spielerisch nachvollzogen werden. Ein gutes Mittel, um dies zu tun, ist das *Rollenspiel*. Rollenspiele sind nicht einfaches Nachahmen von Gesehenem oder Erlebtem, sie helfen vielmehr bei der körperlichen und geistigen Aneignung und Auseinandersetzung mit den eigenen Erfahrungen. Die Fantasie spielt dabei eine wichtige Rolle, denn mit ihrer Hilfe werden Erlebnisse so angepasst, dass bei den Kindern eigene Vorstellungen entstehen. Wie fühle ich mich, wenn ich mich einem geheimnisvollen Schuppen nähere und sogar in dieses unbekannte, eher angsteinflößende Gebäude hineingehe? Der große Bär und die kleine dicke Ente bewegen sich ganz unterschiedlich, wie stelle ich mir das vor? Bewegungsgeschichten können hilfreich sein, diese Rollenspiele anzuregen, denn der Erzählende oder Vorlesende nimmt die Kinder mit auf eine Reise, die mit Fantasie und Kreativität zum „wirklichen" Erlebnis wird.

Aber nicht nur das Aneignen von eigenen Vorstellungsbildern, sondern auch der Umgang mit der Sprache scheint immer wichtiger zu werden. Die Kommunikation zwischen Eltern und Kindern reduziert sich aus den verschiedensten Gründen immer mehr. Dies hat zur Folge, dass die Sprachentwicklung und das Sprachverständnis immer mehr verkümmern. Dabei haben sich nicht die Kinder verändert, sondern der Umgang der Erwachsenen mit ihnen. Für viele Eltern bleibt neben der Berufstätigkeit nur wenig Zeit, um ihren Kindern vorzulesen oder Geschichten zu erzählen. Zum besseren und vermeintlich behüteten Einschlafen wird eine CD aufgelegt, die die Rolle des Erzählenden oder des Vorlesenden ersetzt, die Stimme aus dem Lautsprecher agiert sozusagen als Geschichtenerzähler auf Knopfdruck. Was dabei völlig verloren geht, ist nicht nur die liebevolle Zuwendung zum Kind, sondern auch die sprachliche, inhaltliche und emotionale Reflexion des Textes. Dem Kind werden Worte oder Vorgänge nicht erklärt, was zwangsläufig Defizite beim Verarbeiten von Erlebnissen und Eindrücken nach sich ziehen muss.

Bei den Einschulungsuntersuchungen müssen Ärzte immer häufiger bei den Sechsjährigen gravierende gesundheitliche Defizite feststellen. Haltungsschwächen, Koordinationsstörungen, Übergewicht, organische Schwächen, aber auch Verhaltensauffälligkeiten, wie Unkonzentriertheit, Aggressionen und mangelndes Sozialverhalten, werden in einem beängstigend zunehmenden Maße festgestellt. Gegen diese Entwicklung müssen und können wir etwas tun: Wir packen unseren Koffer, füllen ihn mit vielen Bewegungsangeboten und reisen ins Bewegungsland!

An welche Altersstufe richten sich Bewegungsgeschichten?

Im Alter von 4-8 Jahren sind die Kinder generell besonders aufgeschlossen für Geschichten. Sie lassen sich gern etwas vorlesen oder erzählen und haben auch ihre natürliche Bewegungsfreude noch nicht verloren. Die Kinder dieser Altersstufe lieben es, in unterschiedliche Rollen zu schlüpfen und haben Freude daran, die Geschichten in Bewegung umzusetzen. Sind die Geschichten nicht sehr lang und überfordern sie nicht ihre Aufnahmefähigkeit, so haben auch kleine Kinder Spaß daran, sie zu spielen und deren Inhalte zu erleben.

Wie gehe ich mit Bewegungsgeschichten um?

In jeder Geschichte, die im Buch abgedruckt ist, befinden sich kleine Sternchen (*) an den Stellen, an denen eine Umsetzung in Bewegung vorstellbar und angedacht ist. Immer dann, wenn ein Sternchen erscheint, sollte der Vortragende eine längere Pause machen, damit die Kinder genügend Zeit haben, mittels ihrer eigenen Fantasie das Gehörte in Aktionen umzusetzen. Wenn Kinder, die bisher noch keine Erfahrungen mit einer solchen Arbeitsweise gemacht haben, ziemlich hilflos dastehen und keine eigenen Ideen haben, so können selbstverständlich vom Erzählenden aufmunternde Impulse oder kleine Anregungen eingebracht werden. Mit einer kurzen Gewöhnung an diese Methode kommen sehr schnell auch bei den zuerst abseits stehenden Kindern die fantasievollen Einfälle, die Frage an der Tür des Bewegungsraums: „Erzählst du uns heute wieder eine Geschichte?", wird nicht lange auf sich warten lassen.

Die Hilfen zur Durchführung, die am Ende fast aller Geschichten stehen, können auch den Erzählenden unterstützen, wenn ihm eigene Ideen fehlen. Manchmal bringen auch die Kinder ihre eigenen Geschichten und Beiträge ein, und es ist doch selbstverständlich, dass wir diese dann in die Geschichte einbauen, auch wenn sie noch so absurd sind. Mit der Zeit und etwas Gewöhnung an diese Methode wird es den Kindern immer besser gelingen, aus einer Bewegungsgeschichte ein fröhliches und beglückendes Bewegungserlebnis zu machen.

Jedes Kind hat seine eigenen Vorstellungen beim Hören einer Geschichte, die meist auf eigenen Erfahrungen und Erleben basieren. Das hat zur Folge, dass innerhalb einer Gruppe unterschiedliche Lösungen entstehen werden. Es gibt keinen Grund, diese Lösungen zu einem einheitlichen Ergebnis zu bringen, sie abzulehnen oder zu korrigieren, denn Fantasie ist individuell. Möglich und denkbar ist allerdings, einzelne Lösungsmöglichkeiten aufzugreifen und der gesamten Gruppe vorzustellen.

Es gibt in diesem Buch Geschichten, die ohne Material auskommen. Hier setzen die Kinder alles Gehörte mit dem eigenen Körper um, sie werden zu Hasen, Gummibärchen oder einem Brummkreisel. Wird dagegen ein Alltagsmaterial, zum Beispiel ein Karton oder eine Pappröhre, verwendet, so verwendet man es als Ersatz für unterschiedliche Gegenstände, die in der Geschichte vorkommen.

Wo können Bewegungsgeschichten gespielt werden?

Im Wohnzimmer oder Kinderzimmer, im Bewegungsraum des Kindergartens oder in der Spielgruppe, im Klassenraum der Grundschule und natürlich in Turnhallen, überall ist Bewegungsland. Dort, wo Gegenstände im Weg stehen, werden sie schnell zur Seite geräumt und schon ist Platz für Bewegung geschaffen.

Aber auch auf Schulhöfen, im Wald, auf Wiesen und verschneiten Flächen sind Fantasiereisen ins Bewegungsland möglich. Die Hauptsache ist doch, dass viele Kinder mit Freude und ohne Zwang in Bewegung kommen.

II Bewegungsgeschichten

Freiheit für die Gummibärchen

Material: Mehrere kleine Geräte

Schon seit vielen Monaten lag im Küchenschrank bei Ninas Eltern, versteckt hinter den Kaffeetassen, eine Tüte mit Gummibärchen. Es kann sich niemand mehr erinnern, wie und warum diese Tüte einmal dorthin gekommen ist, denn eigentlich hat sie dort gar nichts zu suchen. Und denkt euch nur, die armen Gummibärchen lagen die ganze Zeit dicht zusammengedrückt neben- und übereinander, ja sie klebten regelrecht aneinander fest, denn sie konnten sich in der engen Tüte kaum bewegen. Es war ihr Glück, dass die Tüte einen winzig kleinen Riss hatte, denn so bekamen sie wenigstens ein wenig Luft.

Immer, wenn Ninas Mama die Tassen aus dem Schrank holte oder sie wieder einräumte, wurde der Riss in der Tüte ein wenig größer und endlich war

er so groß geworden, dass sich die Gummibärchen befreien konnten. Mühsam krabbelte* eins nach dem anderen durch das enge Loch in die Freiheit. Sie krochen in einer langen Reihe* über die Arbeitsplatte und versuchten dann aufzustehen*. Ach, was war das für eine Quälerei, denn sie konnten sich kaum regen. Ein gelbes Gummibärchen fing an, ganz langsam den rechten Arm zu bewegen*, es ließ ihn mehrmals hin- und herbaumeln*. Es ist doch klar, dass die anderen Gummibären sofort versuchten, es nachzumachen und nun dauerte es auch gar nicht lange, bis es fast allen gelang, wenigstens einen Arm hoch in die Luft zu schwingen*! Das war wirklich eine unglaubliche Anstrengung! Einige Bärchen hatten schon einen ganz roten Kopf, aber es war für alle keine Frage: Was mit dem einen Arm geht, muss auch mit dem anderen gehen. Deshalb baumelten schon bald die Arme aller roten, gelben, weißen und grünen Gummibärchen hin und her*, auf und ab*. Zwar standen sie alle noch stocksteif auf der Arbeitsplatte, aber wenigstens ihre Arme pendelten lustig in alle Richtungen*.

„Also gut", sagte das sportlichste Gummibärchen und machte sich zum Trainer der Gruppe, „dann kommen jetzt die Beine dran. Zuerst heben wir das rechte Knie hoch* und versuchen, auf einem Bein zu stehen*. Halt, nicht wackeln, sondern ganz ruhig stehen bleiben. Prima, das ist ja allen gelungen. Jetzt schlenkern wir das eine Bein* und dann das andere*. Das üben wir jetzt so lange*, bis alle Bewegungen mühelos sind."

Wenn auch nicht alle gleichermaßen geschickt waren, es sah sehr lustig aus, wie sie in einer Reihe standen und mit den Armen und Beinen zappelten*. Vor lauter Freude, dass sie sich nun wieder

einigermaßen bewegen konnten, tanzten* sie, so gut es ging, umeinander herum.

Als alle Gummibärchen genug und ausgelassen getanzt und mit ihren kleinen Armen und Beinen geschlenkert und gestrampelt hatten*, sprangen sie mit einem mutigen Satz* von der Arbeitsplatte auf den Boden. Natürlich landeten nicht alle auf den Füßen, manche purzelten auch auf den Bauch* oder auf den Po. Na prima, da konnten sie ja gleich, auf dem Po sitzend, mit dem Bewegungsprogramm weitermachen. Also fingen sie sofort an, kräftig mit den Beinen zu zappeln* oder Fahrrad zu fahren*. Ihr hättet einmal sehen sollen, wie viel Spaß sie dabei hatten, wenn sie sich in die Kurve legten*! Sie hätten wohl noch eine ganze Weile weitergestrampelt, aber nun wollten sie endlich, endlich ausgelassen durch die Küche rennen* und sich nach Herzenslust austoben. Sie liefen in alle vier Ecken* und schauten sich jede kleine Einzelheit in der Umgebung genau an*, denn kleine Bären sind sehr neugierig und müssen immer alles gründlich untersuchen*.

Viel zu lange mussten sie in ihrer Tüte liegen, ohne sich bewegen zu können. Deshalb wollten sie jetzt einen Wettlauf machen* und einmal schauen, wer von ihnen am schnellsten laufen konnte. Auf die Plätze – fertig – los! Und schon starteten sie zu einer wilden Jagd von einer Seite der Küche zur anderen*. Natürlich wollte jeder Erster sein und weil es so viele waren, konnte man gar nicht erkennen, wer denn nun tatsächlich zuerst an der anderen Küchenwand angekommen war. Aber das war ihnen auch gar nicht wichtig, jeder hatte sein Bestes gegeben und damit waren sie zufrieden.

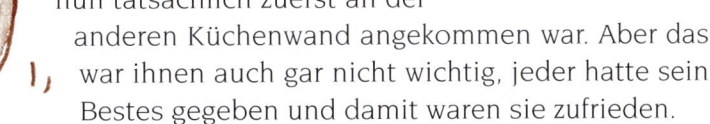

„Jetzt möchte ich hüpfen*", rief ein kleines rotes Gummibärchen, „oh ja, das machen wir auch", ergänzte ein anderes. „Guckt doch einmal, ich kann auch rückwärts hüpfen*", rief ein grünes – „und ich auch seitwärts!", ein anderes, „und ich sogar im Kreis herum!*", ein drittes. Da kann man sich vorstellen, was das für eine Hüpferei wurde. Aber nach einiger Zeit wurden die kleinen Beinchen müde und mussten sich ein wenig ausruhen. Das Lied vom kleinen Bären, der im Zoo lebt und immer wieder einschläft, kam ihnen in den Sinn und natürlich wollten es alle spielen:

G   D   G   G

Un-ser klei-ner   Bär im Zoo, der   schläft ganz tief und sacht.

D   G   D   G

Un-ser klei-ner   Bär im Zoo, der   schläft ganz tief und sacht.

C   D   G

Schnarcht mal laut, mal   lei - se   nach der Bä-ren   Wei - se

Em   D   G   D   G

doch wenn er   er - wacht, der Bär, passt auf, was er dann macht!

(© Text: Rolf Krenzer Erben, Dillenburg. Melodie: Skandinavisches Kinderlied)

Obwohl dieser Tag für alle ziemlich anstrengend war, wollten sie noch gemeinsam den berühmten Gummibärchentanz tanzen. Einige Bärchen gehen in die Mitte und tanzen miteinander, die anderen fassen sich zum Kreis an den Händen und gehen im Kreis herum und alle singen*:

Melodie: Es geht eine Zipfelmütz
Text: Gisela Stein

Es tanzen viele Gummibärchen hier im Kreis herum.
Sie hüpfen hin und hüpfen her, denn das fällt allen gar nicht schwer.
Es tanzen viele Gummibärchen hier im Kreis herum.

Es rennen viele Gummibärchen hier im Kreis herum.
Sie rennen hin und rennen her, denn das fällt allen gar nicht schwer.
Es rennen viele Gummibärchen hier im Kreis herum.

Es schleichen viele Gummibärchen hier im Kreis herum.
Sie schleichen hin und schleichen her, denn das fällt allen gar nicht schwer.
Es schleichen viele Gummibärchen hier im Kreis herum.

Es stampfen viele Gummibärchen hier im Kreis herum.
Sie stampfen hin und stampfen her, denn das fällt allen gar nicht schwer.
Es stampfen viele Gummibärchen hier im Kreis herum.

Es kullern viele Gummibärchen hier im Kreis herum.
Sie kullern hin und kullern her, denn das fällt allen gar nicht schwer.
Es kullern viele Gummibärchen hier im Kreis herum.

Natürlich fällt dem einen oder anderen Gummibärchen noch eine neue Strophe ein*, sodass dieser Gummibärchentanz erst ganz spät ein Ende findet. Völlig erschöpft wollen die Bärchen nach Hause schleichen. Aber wo ist nun

ihr Zuhause? Die zerrissene Tüte ist leider nicht mehr zu gebrauchen, aber da steht zum Glück eine hübsche Dose, in die sie jetzt verschwinden können.

Aber... Seid einmal ganz leise, ich glaube, ich höre etwas... Aha, da kommen viele Kinder und für die waren die Gummibärchen bestimmt gedacht. Zwar wollten sie sich noch schnell verstecken, aber, Pech gehabt, es war zu spät! Im Nu waren alle in den Bäuchen der Kinder verschwunden.

Hilfen zur Durchführung

Um die Vorstellung der in einer Tüte herrschenden Enge zu erleichtern, sollte zu Beginn der Geschichte aus Geräten (kleinen Kästen, Matten oder Ähnlichem) ein Rechteck aufgebaut werden. Dort hinein legen sich alle Kinder kreuz und quer übereinander. Durch eine enge Lücke gelangen sie dann nacheinander in die „Freiheit".

Der Bär im Zoo: Gemeinsam überlegen alle, was der Bär wohl tun kann, wenn er aufwacht. Zum Beispiel sich räkeln und strecken, sich auf dem Boden wälzen, tanzen usw. Und dann ist der Bär schon wieder sehr, sehr müde und muss schon wieder schlafen... Es folgt die nächste Strophe.

Damit alle von den Kindern gemachten Vorschläge aufgenommen werden können, wird das Lied so oft gesungen, bis alle Ideen in die Tat umgesetzt wurden.

Gummibärchentanz: Bei jeder neuen Strophe dürfen andere Kinder in die Mitte des Kreises und sich entsprechend des jeweils vorgeschlagenen und gesungenen Textes bewegen.

Der geheimnisvolle Schuppen

Material: Viele Schuhkartons, in jedem Karton liegen einige Bauklötze, der Deckel wird zu Beginn mit Klebeband befestigt.

Heute haben Max und Axel schrecklich schlechte Laune. Sie haben an
den Haustüren ihrer Freunde geklingelt, aber niemand hat ihnen auf-
gemacht. So ein Mist, eigentlich wollten sie doch heute alle zusammen ein
Detektivspiel machen. Also das fällt ja nun aus! So strolchen die beiden
gelangweilt* in der Gegend umher und wissen nicht, was sie mit sich anfangen sollen. Ohne dass sie es merken, entfernen sie sich immer weiter von zu
Hause und plötzlich stehen sie vor einem alten, fast verfallenen Schuppen.
Neugierig schauen sie sich das Gebäude von allen Seiten an, ob sie sich darin einmal umsehen sollten? So ganz geheuer ist es ihnen nicht, aber durch

ein Astloch in der Außenwand kann man ja mal gucken✳. Es war stockdunkel im Schuppen und unsere beiden jungen Detektive konnten von außen nichts erkennen. „He", sagt Max und tut ganz besonders mutig, „das ist doch für uns kein Problem, wir gehen einfach einmal hinein und untersuchen die Sache!"

Ganz langsam öffnen Max und Axel die schwere Tür, sie knarrt und quietscht und will nur einen kleinen Spalt breit aufgehen. Deshalb müssen sie sich durch die enge Öffnung quetschen. Ängstlich drücken sich Max und Axel an die Wand und verschaffen sich erst einmal einen Überblick. Hier haben sie anscheinend ein Lager für Schmuggelware entdeckt, denn es liegen sehr viele geheimnisvolle Kartons herum. Ganz vorsichtig schleichen sie sich heran✳. „Was meinst du, Max, ob in den Kartons etwas Gefährliches, vielleicht sogar etwas Lebendes verpackt ist?" – „Das können wir doch ganz leicht feststellen. Wir legen unsere Ohren auf die Deckel✳ und horchen✳, ob sich darin etwas bewegt." – „Ok, das machen wir. – Nun, hörst du etwas? Ich nicht!" – „Also, krabbeln tut jedenfalls nichts in diesen komischen Schachteln, es scheint keine lebende Ware zu sein." Jetzt macht Axel einen neuen Vorschlag: „Lass uns einmal vorsichtig an die Kartons klopfen✳, dann kann man bestimmt am Ton hören, ob sie leer oder voll sind." Max und Axel laufen von einem Karton zum anderen, tippen zaghaft auf die Deckel und horchen dann, ob sich darin etwas bewegt.

„Das war nicht laut genug, wir müssen fester klopfen✳!" Doch so viel sie auch auf die Kartons klopfen und trommeln, es rührt sich nichts. Max und Axel werden nun immer mutiger, sie umlaufen alle Kartons✳, überspringen sie✳ und schieben sie mit den Händen vorwärts✳ oder rückwärts durch die gegrätschten Beine✳. Aber, halt! War da nicht eben ein Geräusch zu hören? Axel und Max schieben die Kartons auf dem Boden nach links und rechts, nach vorn und wieder zurück✳, heben sie hoch und schütteln sie✳. „Da rutscht und klappert etwas innen drin", rufen beide wie aus einem Mund.

Und jetzt wollen sie es genau wissen. Klappert es etwa in allen Kartons* und hört sich jedes Geklapper gleich an*? Die Geräusche ähneln sich sehr und inzwischen sind die beiden Jungen davon überzeugt, dass nichts Gefährliches in den Kartons sein kann. Mutig lösen sie die Klebestreifen von allen Deckeln ab* und öffnen* die Kartons und was finden sie darin? In jedem Karton liegt nichts weiter als ein paar Bauklötze!

Eigentlich hatten Max und Axel etwas anderes, viel Spannenderes erwartet. „Mensch, Max", mault Axel „nur so blöde Bauklötze! Was sollen wir denn damit anfangen?" Aber so schnell lassen sie sich den Spaß nicht verderben, da müssen sie halt überlegen und ausprobieren, was sie mit den Kartons und den Bauklötzen anfangen können*.

Lustlos heben sie einige Kartons hoch und lassen die Holzklötzchen darin auf- und abhüpfen*, mit der Zeit werden sie mutiger und versuchen immer wieder, einzelne Klötze in dem Karton hoch und höher zu werfen und dann auch wieder aufzufangen*. Dabei müssen sie gut aufpassen, dass keins von den Klötzchen auf ihren Kopf fällt. Doch nach und nach schaffen sie es, drei*, vier* oder sogar fünf* Klötzchen in die Luft zu werfen und dann auch alle wieder im Karton landen zu lassen*. Und nun wetteifern die beiden Jungen, wer von ihnen die meisten Ideen hat*, was man mit den Kartons und den Bauklötzen anstellen kann. Ab jetzt wird der alte Schuppen zum Spielplatz.

Max findet heraus, dass die Holzklötze sehr gut über den Boden rutschen und so entsteht ein neues Spiel: In einiger Entfernung von der Startlinie werden ein paar Kartons auf der breiten Fläche oder hochkant aufgestellt*, die dann von den rutschenden Klötzchen getroffen werden sollen*. Zufällig haben die Kartons unterschiedliche Merkmale, wie zum Beispiel verschiedene Farben oder Größen, sodass die Treffer auch unterschiedliche Punktzahlen ergeben*. Immer abwechselnd zielen Max und Axel auf die Kartons und jeder Treffer wird laut bejubelt.

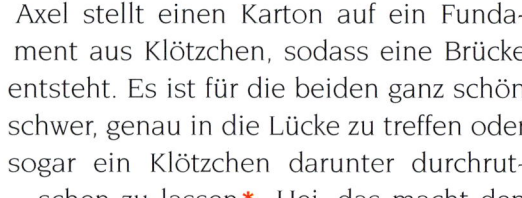

Axel stellt einen Karton auf ein Funda-ment aus Klötzchen, sodass eine Brücke entsteht. Es ist für die beiden ganz schön schwer, genau in die Lücke zu treffen oder sogar ein Klötzchen darunter durchrut-schen zu lassen*. Hei, das macht den beiden Jungen Spaß! „Weißt du was?", fragt Axel, „wir schieben uns jetzt die Klötzchen unter der Brü-cke zu*. Ich schubse einen Klotz unter dem Karton hin-durch zu dir und du schiebst ihn wieder zu mir zurück*." Nach kurzer Zeit haben die Jungen den Bogen raus, deshalb vergrößern sie jetzt den Abstand zu dem in der Mitte stehenden Karton*.

Als Nächstes werden Max und Axel zu Baumeistern. Sie bauen abwechselnd aus vielen Klötzen und den Kartons Hindernis-se und versuchen, darüber zu springen*. Immer höher wer-den die Hürden und schon bald müssen die Jungen Anlauf nehmen*, damit sie auch über die höchsten Türme springen können, ohne sie umzuwerfen.

„He, Max, lass uns jetzt aus allen Bauklötzchen und al-len Kartons einen ganz hohen Turm bauen!", schlägt Axel vor und diese Idee wird natürlich sofort in die Tat umgesetzt*. Dabei müssen die Buben auf Sta-bilität achten, damit auch die letzten Kartons noch verbaut werden können. Nach einigen Versuchen ge-lingt das auch und so ist in dem Lagerschuppen ein riesengroßer Turm entstanden*.

„Pst, Axel, sei doch mal still! Ich glaube, da kommt jemand. Lass uns schnell aufräumen*." In Windes-eile liegen alle Kartons gestapelt an der Wand und die Klötzchen sind darin verschwunden*. Es sieht so aus, als wäre nie jemand hier gewesen. Aber das wissen Max und Axel natürlich besser.

Hilfe zur Durchführung
Alle Bewegungsmöglichkeiten ergeben sich aus dem Text.

Es ist Jahrmarkt in der Stadt

Material: Einige Tennisbälle, ein Tau oder mehrere Springseile, eine Zauberschnur, Ziele für die Wurfbude und Utensilien für die Geisterbahn (detailliert aufgelistet unter „Hilfen zur Durchführung"), ein Luftballon.

Als Nina gestern von ihrer Mami vom Kindergarten abgeholt worden ist, sind die beiden noch in die Stadt gegangen und auf ihrem Weg dorthin an vielen bunten Plakaten vorbeigekommen. Und weil Nina noch nicht lesen kann, aber trotzdem wissen will, was auf den Plakaten steht, liest ihr die Mami vor: „Heute und morgen findet auf dem Platz vor dem Rathaus ein großer Jahrmarkt statt." Nina denkt: „Hm, Jahrmarkt? Was ist denn das?" Ach ja, plötzlich erinnert sie sich, dass sie schon einmal auf einem Jahrmarkt gewesen ist. Das war nämlich so ein Volksfest, wo man mit Karussells fahren, an bunten Ständen und Buden etwas kaufen oder gewinnen kann, wo laute Musik dröhnt und viele Leute sich vergnügen und Freude haben! Gern denkt Nina noch an letztes Jahr, als sie mit Max und Axel viele spannende Dinge gesehen und erlebt hat. Na, und ihr könnt euch sicher denken, dass sie auch dieses Mal wieder hingehen möchte. Und wenn ihr Lust habt, dann kommt doch einfach mit! Ihr habt Lust? Na, dann wollen wir starten.

Alle Kinder, die heute zum Jahrmarkt gehen wollen, sind ganz aufgeregt und können es kaum abwarten, dass es endlich losgeht. Nina kann vor Neugier und Vorfreude gar nicht normal gehen, sie muss immerzu hüpfen und das scheint ansteckend zu sein wie eine Krankheit, denn bald hüpft die ganze Bande fröhlich vor sich hin.*

„Puh, jetzt sind unsere Beine aber ziemlich müde geworden, denn Hüpfen ist ganz schön anstrengend, lasst uns lieber etwas langsamer gehen*." Schritt vor Schritt geht es weiter und es dauert gar nicht lange, bis Axel mault: „So ein langweiliger Kram, da können wir ja gleich ganz kleine Mäuseschrittchen machen."* – „Quatsch", ruft Max, „so kommen wir ja erst in zwei Stunden auf dem Jahrmarktsplatz an", und er schlägt vor, nur auf den Fersen weiter zu gehen*. Nach einiger Zeit hat Nina wieder eine Idee: „Kommt und lasst uns einmal ein Stück rückwärts gehen, aber passt gut auf, damit ihr nicht stolpert*." Max versucht anschließend, eine Strecke auf einem Bein zu hüpfen* und Ninas Freundin geht schon zur Ballettstunde und tanzt deshalb elegant auf den Zehenspitzen*. Viele, viele Möglichkeiten fallen den Kindern ein, wie man zur Kirmes gehen kann. Der Freund von Max hat seine Siebenmeilenstiefel an und macht rie-

sengroße Schritte* und beinahe wäre er dabei auf den Po gefallen. Könnt ihr euch vorstellen, was den Kindern noch alles eingefallen ist, wie man zum Kirmesplatz kommen kann*? Sie haben sich eingehakt* oder sind hintereinander hergegangen und einer hat den anderen am Rücken geschoben*, dann haben sie ein Lenkrad in die Hand genommen und sind Auto gefahren* und zum Schluss sogar mit der Eisenbahn*! Ich bin mir ganz sicher, dass euch noch andere Ideen kommen* und der Weg zum Kirmesplatz sehr, sehr abwechslungsreich sein wird.

Endlich sind alle Kinder wohlbehalten angekommen und stürzen sich hinein ins Vergnügen. „Am liebsten möchte ich jetzt mit dem Kettenkarussell fahren", ruft Nina und alle anderen stimmen ein: „Ich auch! – Ich auch!"* „Schaut einmal da hinten, da steht ein ganz großes Karussell, damit können wir alle zusammen fahren!*"

Auf ei-ner grü-nen Wie-se, da steht ein Ka-rus-sell. Das

fängt an sich zu dre-hen, erst langsam und dann schnell. Ein-stei-gen,

fest-hal-ten, los-fah-ren! Schrumm, schrumm, schrumm, das

Ka-rus-sell geht um und al-le Kin-der flie-gen im Kreis her-um.

– mündlich überliefert –

„Noch einmal! – Noch einmal!", schreien alle Kinder durcheinander und immer wieder dreht sich das Karussell, einmal zum gesungenen Lied*, ein anderes Mal mit diesem gesprochenen Text*:

„Langsam, langsam fängt es an, immer schneller geht es dann, sausend schnell, sausend schnell dreht sich unser Karussell. Bis es wieder langsam geht . . . und . . . dann . . . steht."

Aber nun soll Schluss sein mit dem Kettenkarussellfahren, denn die Rasselbande muss weiter, sonst kann sie ja gar nicht alles sehen, was auf dem Jahrmarkt zu entdecken ist. Schnell läuft Nina auf den Stand zu, an dem Windmühlen verkauft werden. „Oh, super, jetzt kaufe ich mir eine Windmühle, ich habe mir schon ganz lange eine gewünscht" – „Ich kaufe mir auch eine und ich auch", rufen die anderen Kinder und schon drehen sich ganz viele Windmühlenflügel lustig im Wind*. Plötzlich kommt der Wind von einer anderen Seite und nun drehen sich die Windmühlen rückwärts.

Weiter geht es mit dem Gang über den Jahrmarkt. Die Kinder kommen zu den Ponys, die nur darauf warten, geritten zu werden. Schnell hat jedes der Kinder eines am Zügel gefasst und ausgelassen galoppieren sie alle über den Platz*. Sie traben vorwärts* oder rückwärts*, einmal um die eigene Achse* und im schnellen Galopp* über den ganzen Platz. Das macht zwar riesigen Spaß, doch irgendwann müssen sich die Ponys wieder ausruhen.

Und schon wartet die nächste Attraktion auf unsere Freunde. Sie entdecken eine Wurfbude. Hier kann man auf Gegenstände zielen. Die Bälle, die man dafür benötigt, liegen schon bereit und schon geht die wilde Jagd auf die schönsten und interessantesten Gegenstände los*. Max trifft einen Hampelmann, Axel zielt erst einmal daneben, aber dann gewinnt er ein Glöckchen und einen Lolly. Die Kinder zielen und werfen so lange, bis jedes Kind etwas gewonnen hat.

„Eine Achterbahn! – Eine Achterbahn!", ruft Max. Wie von einer Biene gestochen rennen alle auf diese Attraktion zu, steigen ein und gleich geht die Fahrt los: In großen und kleinen Kurven*, bergauf und bergab* sausen die Fahrgäste mit lautem Kreischen und Quietschen* umher, sodass ihnen beinahe schwindelig wird. Doch bald ist auch diese aufregende Fahrt zu Ende und die kleine Gruppe schlendert weiter zur Geisterbahn*. Hierin ist es ganz dunkel, niemand kann sehen, wohin der Weg führt, man muss sich entlang einer im Zickzack gespannten Schnur vorwärtshangeln*. Ab und zu spürt man geheimnisvolle Dinge auf seiner Haut, dem Kopf oder im Gesicht*. Hin und wieder hallen schauderhafte Geräusche* durch den Raum.

Hihiihi, huibuuuuh oder uaaah! Nur wenn man ganz viel Mut hat, und den haben selbstverständlich die Kinder, traut man sich in die Geisterbahn.

Um die Gruppe der Hochseilartisten hat sich eine Menge Leute versammelt. Sie schauen zu und staunen, wie mutig die Künstler über das Seil balancieren. Und als die Zuschauer aufgefordert werden, es auch einmal zu versuchen, sind Max, Axel, Nina und all die anderen natürlich sofort dabei*. Mühelos gelingt es ihnen, nicht nur vorwärts, sondern auch rückwärts auf dem Seil zu gehen.

Leider muss jeder Jahrmarktbesuch einmal zu Ende gehen. Auf dem Nachhauseweg kommen die Besucher noch an einem ganz besonderen Luftballonstand vorbei. Ganz schnell werden die Kinder in einen Luftballon verzaubert. Sie fassen sich fest an den Händen und stehen ganz dicht zusammen. Dann wird der Ballon aufgepustet. Mit jedem gemeinsamen Pusten wird er immer ein klein wenig größer, bis schließlich keine Luft mehr hineinpasst. Mit lautem Knall platzt er schließlich und alle Kinder liegen auf dem Boden*.

Oh je, nun wird es ja schon dunkel und alle Kinder müssen an den Heimweg denken. Man kann beobachten, dass jedes Kind auf eine andere Art nach Hause geht und alle haben ein Lächeln auf den Lippen.

Aber eins ist sonnenklar: Im nächsten Jahr werden wir die Bande wieder auf dem Gelände des Jahrmarkts treffen.

Hilfen zur Durchführung

Mäuseschrittchen: Die Füße ganz dicht voreinander setzen.

Kettenkarussell: Zwei Kinder fassen sich über Kreuz an den Händen und drehen sich umeinander herum; oder vier Kinder legen die rechten Hände übereinander und bilden so ein Kreuz.

Großes Karussell: Alle Kinder fassen sich zum Kreis an den Händen und bewegen sich auf der Kreislinie oder die Hälfte der Kinder fasst sich an und bewegt sich auf der Kreislinie, die übrigen Kinder toben auf dem „Festplatz" herum. Bei „Einsteigen" suchen diese sich einen Platz an den Händen der anderen und laufen mit herum.

Windmühlen: Nacheinander mit beiden Armen vorwärts bzw. rückwärts kreisen.

Wurfbude: An einer Wand oder in der Turnhalle an der Gitterleiter hängen gut verteilt verschiedene Gegenstände, auf die mit Tennisbällen gezielt werden soll.

Vorschläge dafür: Aus Kaufhauskatalogen ausgeschnittene Spielsachen, aus Zeitungen ausgerissene Figuren, Blechdosen, Glöckchen o. Ä. Möglicherweise können die Kinder die getroffenen Teile abhängen und mit nach Hause nehmen.

Geisterbahn: Eine Zauberschnur oder eine lange Wäscheleine wird zwischen Sprossenwand und Barren, um andere Geräte oder Möbelstücke herumgeführt. Die Augen werden verbunden oder mit einer Schlafmaske bedeckt. Die Kinder fassen diese Schnur mit beiden Händen und benutzen sie als Hilfe bei ihrem Weg durch die Geisterbahn.

Ein feuchtes Tuch, eine Vogelfeder, ein Chiffontuch, Luft aus einer Fahrradpumpe, laute Geräusche oder Schreie werden an verschiedenen Stellen des Weges eingesetzt.

Hochseil: Mit einer aufgezeichneten Linie, einem ausgelegten Tau oder einer Wäscheleine entsteht im Nu ein Hochseil, auf dem man balancieren kann.

Komm unter meine Decke

Material: Mehrere alte Wolldecken, einige Softbälle und/oder Luftballons.

In Axels Kinderzimmer ist der Bär los! Ein paar Freunde sind heute zu ihm gekommen, um mit ihm gemeinsam zu spielen. Die Jungen und Mädchen haben sich in seinem Zimmer umgeschaut, um Spielzeug zu entdecken, mit dem sie sich beschäftigen wollen. Max hat die alte Wolldecke aus einer Ecke herausgezogen und sie zu einer dicken, langen Wurst zusammengerollt*. Gelangweilt balanciert* er auf der Wurst hin und her. Es ist gar nicht so einfach, auf einer solch weichen Unterlage zu gehen, denn sie gibt bei jedem Schritt etwas nach. Und so zappelt Max langsam vor sich hin. Endlich werden auch die anderen Kinder auf ihn aufmerksam und im Nu spazieren sie alle hintereinander* auf der langen Wurst, immer von einem Ende zum anderen. „He, das ist hier nicht nur viel zu eng für uns alle, sondern auch zu kurz. Gibt es denn hier nicht noch mehr Wolldecken?", fragt Tom. „Na klar," sagt Axel und in Windeseile hat er aus der ganzen Wohnung die Decken herbeigeschleppt. Viele Würste entstehen, die kreuz und quer übereinanderliegen und mit einem Mal alle zu Hindernissen werden, über die man auf verschiedene* Arten springen* kann.

Bei der ausgelassenen Hüpferei ist bald von den Rollen nichts mehr zu sehen, vielmehr befinden sich lauter Wollklumpen im Raum, aber das ist kein Problem, denn nun werden alle Decken ordentlich auf dem Boden ausgebreitet*. Zum Glück ist der Fußboden glatt, denn jetzt sind aus den Wolldecken Kutschen geworden. Immer zwei Kinder ziehen* ein drittes durch den Raum. Wenn man auf dem Bauch* liegt oder auf seinem Po* sitzt, ist es nicht schwer, auf der Unterlage zu bleiben und das Gleichgewicht zu halten*. Schwieriger wird es, wenn man versucht, in einer tiefen Hocke* sitzend mitzufahren und nicht umzufallen. Übrigens: Es ist doch selbstverständlich, dass jeder einmal in der Kutsche sitzen darf und gezogen wird*, oder?

Aber was macht Nina denn da? Sie verwandelt sich in eine Schildkröte und bewegt sich im Zeitlupentempo durch den Raum*. Es dauert nicht lange bis – so, wie man es vermuten konnte – mehrere Schildkröten das Kinderzimmer bevölkern. Sie schleppen* sich mühsam vorwärts und versuchen, ihre Artgenossen zu fangen*. Aber das Weglaufen klappt bei Schildkröten nicht sehr gut und nach einer Weile hat sich die große Schildkrötenfamilie zu einem unübersichtlichen Durcheinander vereint*.

Weil alle unter den Decken verschwunden sind, kommt Axel auf eine neue Idee: „Hört einmal zu! Einer von uns geht einmal kurz vor die Tür. Nina, möchtest du als Erste hinausgehen? Wir anderen verstecken uns unter den Decken. Wenn wir dich, Nina, rufen, kommst du herein und versuchst, uns nur durch Fühlen zu erkennen*. Es ist aber Ehrensache, dass du nicht unter die Decke schaust!" Von dieser Idee sind alle begeistert und so wird sie auch gleich in die Tat umgesetzt. Was gibt das für ein Gekicher und Gezappel, wenn Nina eine Hand, einen Kopf oder den Bauch eines Kindes betastet, oder es sogar unter den Füßen kitzelt!* Nach und nach dürfen auch die anderen Kinder einmal Detektiv sein* und die Freunde mit den Händen erkennen.

Max möchte nun das Spiel verändern, er schlägt vor: „Ich gehe jetzt einmal vor die Tür und wenn ich wieder hereinkomme, lasst ihr nur einen Arm unter der Wolldecke hervorgucken, ich will einmal sehen, ob ich an euren Händen sehen kann*, wem sie gehören!"

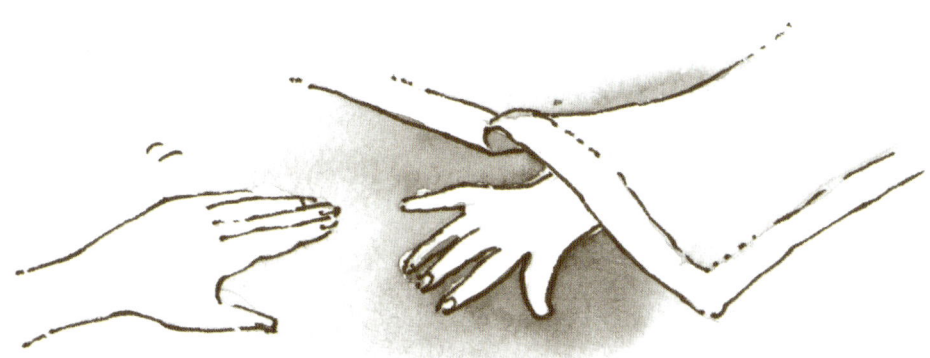

Nachdem alle Hände gefunden wurden, krabbeln die Kinder wieder unter der Decke hervor und schütteln sie tüchtig aus*. Tim hat einen Softball in der Spielzeugkiste entdeckt und wirft ihn auf eine Decke. Durch das Schütteln hüpft der Ball lustig auf und ab*. Es gelingt nicht sofort, den Ball auf der Wolldecke zu halten, denn er hüpft immer wieder an einer Seite herunter. Aber das ist natürlich eine große Herausforderung für die Kinder und sie merken schnell, dass mindestens 3-4 Kinder an den Seiten der Decke verteilt werden und dort festhalten müssen*, damit der Ball oben bleibt.

Schon wieder fällt den Kindern ein neues Spiel ein und das ist schnell ausprobiert: Die Kinder lassen den Ball im Kreis herumwandern*, dann soll er
nacheinander alle Kinder besuchen*, die die Decke festhalten. Kreuz und
quer, hin und her, kullert er nun.

„Lasst uns doch eine Kullerbahn aus den Decken bauen*", schlägt Florian
vor. „Die Rollfläche muss ziemlich steil nach unten abfallen, damit die Bälle, die an der höchsten Stelle eingegeben werden, schnell herunterkullern
können." Alle Kinder merken schnell, dass die Decken gut gespannt und
dicht aneinandergehalten werden müssen. Und mit ein wenig Übung gelingt das auch*.

Den ganzen Nachmittag haben die Freunde mit den Wolldecken gespielt
und sie werden langsam müde. Zum Schluss soll aber noch eine Höhle gebaut werden*. Zum Glück gibt es im Raum einige Möbelstücke, die als Stüt-
zen dienen können. Na ja, sehr stabil ist das Bauwerk nicht, aber es bietet
Platz für alle. Die Kinder machen es sich darin gemütlich* und stellen fest,
dass einfache Dinge, die eigentlich gar kein Spielzeug sind, einen ganzen
Nachmittag lang viel Freude machen können.

Hilfe zur Durchführung

Zu Beginn liegen nur einige Wolldecken ungeordnet im Raum verteilt auf
dem Boden.

Überspringen: Laufsprung, Schlusssprung, Pferdchensprung, auf dem
rechten, dem linken Bein, Hockwenden (Drehhock-
sprünge) usw.

Schildkröte: Die Decke als Panzer über den Körper legen.

Höhlenbau: Anstelle von Möbeln können in einer Turnhalle natürlich auch vorhandene Geräte verwendet werden.

Um Mitternacht im Kinderzimmer

Material: Keines

Puh, was war das heute für ein Tag! Nina ist mit ihren Freundinnen und Freunden stundenlang im Garten herumgetobt, sie sind auf Bäume geklettert, haben Fangen* und Verstecken gespielt* und sogar einen kleinen Vogel davor bewahrt, von Nachbars Katze gefangen zu werden. Nun ist es Abend geworden und Zeit, zu Bett zu gehen. Blitzschnell hat sich Nina ihren Schlafanzug angezogen und ist dann sehr, sehr müde in ihr Bett geschlüpft. Die Mami kommt zum Gute-Nacht-Sagen in ihr Zimmer und sitzt noch eine Weile bei ihr. Dies ist die schönste Zeit am Tag, denn jetzt hat Mami Zeit, Nina zuzuhören, wenn sie sich noch an all die spannenden und aufregenden Erlebnisse erinnert, die sich im Laufe des Tages ereignet haben. Es sprudelt nur so aus ihr heraus, denn immer wieder fällt ihr etwas Neues ein. Doch schließlich ist sie so müde, dass ihr die Augen zufallen und sie kurz darauf auch schon eingeschlafen ist ...

Pst, pst – ganz leise schleicht* sich Ninas Mutter aus dem Zimmer.

Mitten in der Nacht, Nina schläft tief und fest, fangen die Spielsachen in ihrem Kinderzimmer an, miteinander zu flüstern*: „Hallo, haaallooo, kommt alle heraus aus der Spielzeugkiste, die Luft ist rein", brummt der dicke Teddy, so leise er kann, und wühlt sich mühsam aus der Kiste*. Dann stapft er schwerfällig umher und ruft die anderen Spielsachen herbei. Sie haben nämlich verabredet, dass sie nachts wach bleiben und endlich eine zünftige „Spielzeugparty" feiern wollen. Tip-tap, tip-tap, so hören sich die Schritte vom dicken Teddy an. Da wird auch schon der lustige Kasper hellwach und stimmt das Lied an, das er immer singt: „Tri-tra-trullala, tri-tra-trullala, der Kasper, der ist wieder da!" Vorsichtig und mit sehr viel Mühe bewegt er Arme und Beine*, wackelt ein wenig mit dem Kopf hin und her*. Auweia, geht das aber schwer! Er spürt, dass Nina schon lange nicht mehr mit ihm gespielt hat und deshalb muss er erst einmal ausprobieren, ob seine Arme und Beine noch zu gebrauchen sind. Mit den Fingern kann er zum Glück noch tüchtig zappeln*, auch die Ellbogengelenke kann er noch beugen* und strecken* und als er versucht, mit den Armen einen großen Kreis zu machen*, merkt er, dass er das lange nicht geübt hat. Also, da muss er noch eine Weile trainieren. Er will zuerst mit dem einen* und dann mit dem anderen Arm große Kreise vorwärts* und rückwärts* beschreiben und fängt ganz langsam an. Dann aber fliegen die Arme immer schneller durch die Luft und es sieht aus, als würden sich die Flügel einer Windmühle drehen*. Als Nächstes kommen die langen Beine dran: Der Kasper schlenkert* sie nach allen Seiten und freut sich, dass wenigstens das gut klappt und er sich auf seine Beine verlassen kann. Langsam dreht er jetzt seinen Kopf nach rechts* und links*, beugt sich nach vorn* und zurück und dreht sich einmal um sich selbst*. Ja, der ganze Kasper ist noch völlig in Ordnung und die lange Zeit in der Ecke hat ihm nicht geschadet.

Danach steigen die beiden Puppen Luise und Lilli aus der Spielzeugkiste, sie recken und strecken sich*, streichen ihre zerknitterten Kleidchen glatt und trippeln* aufgeregt durch das Kinderzimmer. Die Babypuppe liegt auf dem Rücken und strampelt fröhlich mit den kleinen Beinchen*, dreht sich dann auf den Bauch und krabbelt auf Händen und Füßen* mit großem Vergnügen durch den Raum.

Nun werden auch die anderen Spielsachen mutig. Der Brummkreisel dreht sich, so schnell er kann, im Kreis*, immer um die eigene Achse und brummt* dabei genauso, wie er es gelernt hat. Ups, da ist ihm aber ganz schön schwindelig geworden, er wäre doch beinahe umgefallen!

Der bunte Gummiball will auch nicht länger faul herumliegen. Immer wieder hüpft er fröhlich auf und ab*, springt einmal zur Seite* und dann wieder zurück*, hüpft mehrmals, so hoch er kann* und danach mit ganz vielen kleinen Hüpfern* im Kinderzimmer herum. Endlich liegt er fast ruhig auf dem Boden und kullert* nur noch ein kleines Stückchen weiter.

Die gute alte Holzeisenbahn musste schon mehrere Wochen in einem Karton zubringen, sie kommt nun mit lautem Getöse aus ihrem Karton heraus* und möchte natürlich auch mit den anderen Spielsachen herumtoben. Dazu sagt sie den Reim auf, zu dem sie immer durch die Landschaft gefahren ist. Alle Spielsachen möchten gern mitfahren und steigen in den Zug ein:

Und **dann** sind wir ein **langer** Zug,
er **schnauft** und **schnauft**, der **lange** Zug,
du **glaubst** es nicht, wie **schwer** das geht!
du **glaubst** es nicht, wie **schwer** das geht!
Geht schon besser, **geht** schon besser,
tsch – tsch – tsch – tsch – **tsch** – tsch – tsch – tsch, **tsch** – tsch – ...

(*Marlene Reidel, aus „Ich bin ein Frosch", Middelhauve Verlags GmbH, München*)

Und weil so eine große, schwere Eisenbahn viel, viel Lärm macht, erwachen auch die Ritter und ihre Pferde*, sie galoppieren und springen* ausgelassen durch den Raum. Auch die Indianer begeben sich auf den Kriegspfad. Sie schleichen* sich ganz leise an und erschrecken mit lautem Indianergeheul* die schlafenden Kuscheltiere. Hoppla, da werden auch der zottelige Stoffhund*, das alte Krokodil* und die dicke Ente*, die allesamt sonst immer unbeachtet in der Ecke liegen, munter. Sie sind so steif geworden, dass sie nur mühsam aus dem Regal krabbeln* können und dann aber fröhlich mitfeiern.

Oh je, beinahe hätten das rote Matchbox-Auto und das kleine silberne Flugzeug die ganze Party verschlafen! Das Auto will doch so gern einmal wieder durch die Gegend brausen*, will Kurven fahren*, rückwärts einparken*, scharf bremsen* und wieder anfahren*. Und das Flugzeug? Natürlich ist es sein größter Wunsch, wieder einmal durch die Lüfte zu segeln*. Was für eine Freude ist es, mit weit ausgebreiteten Tragflächen verschiedene Figuren* zu fliegen.

Die ganze Nacht toben die Spielsachen noch im Kinderzimmer herum, bis sie am führen Morgen todmüde in die Spielzeugkiste zurücksteigen. Aber sie sind sich alle einig, dass sie eine solche Spielzeugparty bald wieder feiern möchten.

Hilfen zur Durchführung

Der Zug: Die Mitspieler stehen hintereinander und fassen dem jeweiligen Vordermann auf die Schulter. Sie beginnen alle mit dem gleichen Fuß. Sie gehen im Rhythmus des Textes bei jedem Wort einen Schritt vorwärts, der Rhythmus wird durch Aufstampfen bei den fett gedruckten Worten besonders betont.

Alle sonstigen Fortbewegungen werden von den Kindern fantasievoll umgesetzt.

Party im Kindergarten

> **Material:** Für jedes Kind einen Partyteller aus Pappe (um sie zu verstärken, kann man zwei zusammenkleben), im Mittelkreis des Tellers wird je ein farbiger Punkt aufgeklebt. Es gibt unterschiedliche Farben und etwa gleich große Farbgruppen, ein Karton o. Ä. als Ziel.

D er Erzieher hat gestern geheimnisvoll angedeutet, dass heute im Kindergarten etwas ganz Besonderes passieren soll. Nun ist die Spannung bei den Kindern natürlich groß und alle sitzen voller Erwartung rund um einen großen Tisch herum. Warum sie um den Tisch sitzen, fragt ihr? Nun, der Tisch ist schon gedeckt und vor jedem Kind steht ein ganz gewöhnlicher Partyteller.

Lange Zeit tut sich auf dem Tisch und drumherum aber gar nichts und die Kinder werden langsam unruhig. Axel fängt an, mit seinem Teller herumzuspielen. Er schiebt ihn vor sich auf dem Tisch hin und her*, vor und zurück*. Da sich die anderen Kinder inzwischen auch langweilen, machen sie einfach mit. Max findet heraus, dass man den Teller um einen Finger herum kreisen* lassen

kann. Natürlich bleibt es schon bald nicht mehr beim vorsichtigen Hin- und Herschieben, denn nun fliegen* schon die ersten Teller durch die Gegend. Zwar können die flachen Pappen nicht ganz so gut durch die Luft segeln wie eine Frisbeescheibe, aber Spaß macht es trotzdem. „Guckt doch mal, da drüben steht eine kleine Kiste, lasst uns doch versuchen, die Scheiben so zu werfen, dass sie die Kiste treffen*", schlägt Axel vor. Man kann sich denken, dass es nicht lange dauert, bis die Kids den Bogen raushaben und die meisten Flugobjekte in der Nähe der Kiste landen.

Es ist den Kindern aufgefallen, dass auf den Tellern unterschiedlich farbige Kreise aufgeklebt sind. Was kann denn das bedeuten? „Ach, ja," ruft Nina, „damit können wir Mannschaften bilden." Schnell haben sich die Kinder mit den roten, grünen, gelben und blauen Punkten gefunden*. Sie legen eine Linie fest, von der abgeworfen werden soll und dann geht das Zielwerfen wieder von vorn los*. Wenn alle Kinder geworfen haben, schauen sie, welche Farbe die Teller haben, die am nächsten zum Ziel gelandet sind, also welche Mannschaft am besten geworfen hat*.

Damit kein Streit aufkommt, wollen Axel, Max und die anderen neue Mannschaften zusammenstellen. Dazu müssen zuerst alle Teller mit dem farbigen Punkt nach unten auf den Boden gelegt werden*. Und jetzt rennt* die ganze Bande im Slalom um die Kreise herum und die Kinder geben ihnen immer dann, wenn sie an einem Teller vorbeikommen, einen Schubs*. Bald weiß kein Kind mehr, wo sein erster Teller gelegen hat. Auf ein Zeichen von Axel nimmt sich nun jeder den Teller, der ihm gerade am nächsten liegt. Alle schauen sich die

Punkte an und fix können durch die verschiedenen Farben neue Mannschaften gebildet werden*.

Die Kinder sind so in ihr Spiel vertieft, dass sie gar nicht gemerkt haben, dass heimlich irgendjemand Tischtennisbälle gebracht hat. Jeder holt* sich schnell einen und lässt den kleinen Ball auf dem Teller Karussell fahren* oder auf- und abhüpfen*. Natürlich bemühen sich alle, ja kein Bällchen herunterfallen zu lassen*. Aber manchmal fällt eben doch einmal eins daneben, und dieses Missgeschick hat Max schon wieder auf eine neue Spielidee gebracht: Die Bälle werden hoch in die Luft gespielt*, fallen dann auf die Erde, prellen auf und werden schnell mit dem Partyteller wieder aufgefangen*.

Weil es aber eigentlich viel schöner ist, wenn man mit einem Freund zusammen spielen kann, versucht ein Kind, den hochgeworfenen Ball eines anderen Kindes aufzufangen*. Klasse! Das macht riesigen Spaß. Aber lasst uns das Spiel noch rasanter gestalten: Zwei Kinder spielen sich wie mit einem Tennisschläger einen Ball zu* und dann sofort wieder zurück*.

„Ich habe noch eine gute Idee", ruft Tom „wir spielen den kleinen Ball gegen die Wand, lassen ihn einmal aufprellen und spielen dann wieder gegen die Wand*." Die Idee wird gleich in die Tat umgesetzt. Einige Kinder spielen sogar zu zweit mit einem Ball und wechseln sich immer beim Schlagen ab*.

„Wir wollen noch einmal Mannschaften bilden, alle Teller mit den Farben Rot und Blau gehören zu einer Gruppe, die Teller mit Gelb und Grün zur anderen. Alle Kinder haben einen Ball und die beiden Mannschaften stehen sich auf Abstand gegenüber. Nun schubsen* wir mit dem Schläger alle Bälle durch die Mitte zum Gegner, also immer wieder über die Mitte ins andere Spielfeld. Jedes Kind muss gut aufpassen*, dass kein Ball durch die Lücken kullert und die hintere Wand erreicht." Nun ist aber konzentriertes Aufpassen angesagt, denn schließlich will niemand, dass die gegnerische Mannschaft ein oder sogar mehrere Tore schießt!

Nun haben die Kinder schon eine lange Zeit allein gespielt, kein Erwachsener hat sich um sie gekümmert. Und schließlich hätten die Großen auch gar nicht gewusst, was man mit einem Partyteller alles anstellen kann. Axel, Max, Nina und die anderen haben so viel Freude damit gehabt, dass sie auch jetzt noch nicht aufhören wollen. Jeder von ihnen spielt noch eine ganze Weile das Spiel, das ihm am meisten Spaß gemacht hat*. Und dann kommt endlich doch ein Erwachsener, sammelt die Tischtennisbälle und die Partyteller ein, damit an einem anderen Tag wieder damit gespielt werden kann.

Hilfe zur Durchführung

Um den Finger kreisen lassen: Mit dem Zeigefinger an einer Stelle ziemlich fest aufdrücken und dann den Pappteller in eine kreisende Bewegung bringen.

Rückschlagspiele: Sind gegen die Wand oder gegen einen Partner möglich.

Der Ball kann einmal aufprellen und dann geschlagen werden, direktes Zurückschlagen ist in den meisten Fällen zu schwierig, da der Ball zu schnell ist.

Ein Luftballon ist da leichter zu antizipieren.

Das Spiel zweier Mannschaften, die sich gegenüberstehen, entspricht dem Spiel „Haltet das Feld frei".

Wir können zaubern

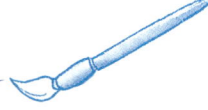

Material: Für jedes Kind einen Meterstab (die auseinanderklappbaren Messlatten liegen oft mehrfach in den Werkzeugkisten und Hobbyräumen der Väter, da lohnt sich eine Sammlung).

Schaut her, was ich euch heute mitgebracht habe: Für jeden von euch einen tollen Meterstab. Eigentlich gehört er ja in Papas Werkzeugkiste, heute können wir aus ihm viele verschiedene Dinge zaubern. Allerdings geht das nur, wenn wir den Zauberspruch sagen können, den mir der Zaubermeister heute beigebracht hat. Er ist nicht schwer und deshalb könnt ihr ihn auch ganz schnell lernen. Ich will ihn euch einmal vorsagen:

„Besenstiel und Donnerkiel
das ist ja doch ein Kinderspiel.
Wir können zaubern, seht nur her,
denn zaubern, das ist gar nicht schwer."

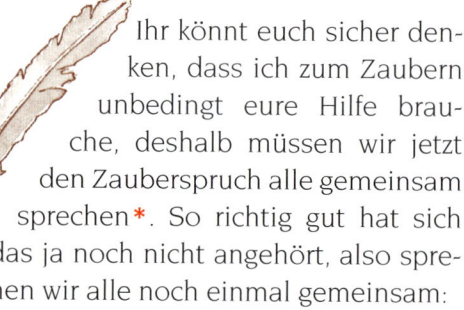

Ihr könnt euch sicher denken, dass ich zum Zaubern unbedingt eure Hilfe brauche, deshalb müssen wir jetzt den Zauberspruch alle gemeinsam sprechen*. So richtig gut hat sich das ja noch nicht angehört, also sprechen wir alle noch einmal gemeinsam:

*„Besenstiel und Donnerkiel
das ist ja doch ein Kinderspiel.
Wir können zaubern, seht nur her,
denn zaubern, das ist gar nicht schwer."*

Und schaut euch nun euren Meterstab an, er ist zu einer Ziehharmonika geworden, mit der wir einen tollen Rhythmus erzeugen* können. Sicher gelingt es euch, im Raum herumzugehen* und dabei ein passendes Geräusch zu machen*. Das hört sich doch gut an, oder? Ich denke, wenn wir etwas schneller ziehen und wieder loslassen*, können wir sogar dazu rennen*.

Puh, jetzt sind wir aber außer Puste, nun wollen wir doch einmal schauen, was aus der Ziehharmonika wird, wenn wir unseren Zauberspruch aufsagen* und die Ziehharmonika vollkommen auseinanderklappen*. Nun schaut euch das an! Aus den Meterstäben sind jetzt viele ganz schmale Latten geworden, auf denen man balancieren* kann. Richtige Zauberer können aber nicht nur vorwärts darauf gehen, ihnen fallen auch noch einige andere Möglichkeiten ein*. Es ist doch klar, dass wir alles ausprobieren*. Für die ganz Schlauen gibt es noch eine Zusatzaufgabe: Wer von euch kann die Schritte zählen, die ihr machen müsst, um von einem Ende zum anderen zu gelangen*? Das habe ich mir doch gedacht, dass alle Kinder hier schon so weit zählen können. Und wisst ihr was? Jeder von euch ist mit all diesen Schritten 2 m gegangen, denn so lang ist jeder Meterstab.

Ihr habt ja gesehen, dass unser Zollstock – so wird er nämlich auch genannt – viele Gelenke hat, in denen er abgeknickt werden kann. Nun bin ich gespannt, was ihr kleinen Zauberer alles daraus legen* könnt! Na, da staune ich aber! Ich hätte nicht gedacht, dass so viele

Formen möglich sind. Und auf all diesen Formen kann man wunderbar balancieren*, aber auch in die Figuren hinein- und wieder herausspringen*.

Was meint ihr, wollen wir einmal versuchen, ob wir mit unseren Zauberkräften auch kleine Hüpfkästchen aus drei oder vier Meterstäben legen* und darin herumhüpfen* können?

Das war ja Spitze! Aber hüpfen können wir nun wirklich sehr gut, könnt ihr aber auch mit euren Stäben eine Schnellstraße*, ein Spinnennetz* oder sogar einen Tunnel* und ein Zelt* bauen? Klasse, ihr kleinen Zauberer, da habt ihr ja schöne Dinge gebaut. Dafür habt ihr einen großen Stern* verdient, allerdings müsst ihr euch den Stern selbst aus eurem Meterstab zusammenbauen*.

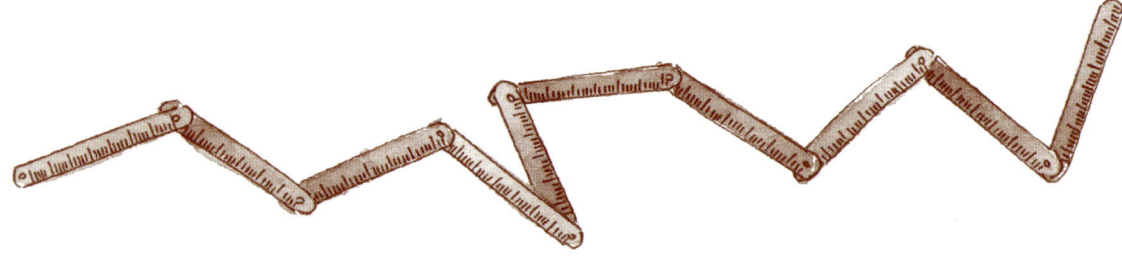

Zum Schluss dürft ihr noch einige Dinge hier im Bewegungsraum ausmessen*, doch dafür müssen wir mit unserem Zauberspruch alle Tunnel, Zelte und Straßen wieder in normale Meterstäbe zurückzaubern:

> *„Besenstiel und Donnerkiel*
> *das ist ja doch ein Kinderspiel.*
> *Wir können zaubern, seht nur her,*
> *denn zaubern, das ist gar nicht schwer."*

Nun hat alle Zauberei ein Ende. Es ist gut, dass ihr wieder ganz normale Knirpse geworden seid, die jetzt vergnügt nach Hause gehen.

Hilfen zur Durchführung

Ziehharmonika: Meterstab an den Endstücken fassen, auseinanderziehen und wieder zurückschnappen lassen.

Balancieren: Vorwärts, rückwärts, seitwärts, paarweise, wobei ein Kind vorwärts, das andere rückwärts geht.

Figuren legen: Zum Beispiel: Quadrate, Rechtecke, Zickzackformen, Buchstaben, Kreisformen.

Hüpfkästchen: Mehrere Quadrate oder Rechtecke zu einem Hüpfkästchen zusammenlegen.

Schnellstraße: Die Seitenränder der Straße werden durch aneinandergelegte Meterstäbe markiert.

Tunnel: Kreise formen und von einigen Kindern in einer Reihe senkrecht halten lassen, sodass man hindurchkriechen kann.

Zelt: Meterstäbe in der Mitte zu einem offenen Dreieck abknicken. Das offene Ende auf den Boden stellen, dabei mehrere Stäbe übereinanderstellen.

Stern: Meterstab auf verschiedene Weise jeweils nach zwei Gelenken abknicken, zu einer Sternform vollenden.

In der Hundeschule

Material: Mehrere Bänke, einige Kasteninnenteile und ein Reifen für je zwei Kinder, ein Bohnensäckchen oder einen Jonglierball für jeweils zwei Kinder – einen Küchenwecker als Schulklingel.

Die Eltern von Max haben sich einen Hund angeschafft, er heißt Lennie. Zwar ist Lennie noch ziemlich klein, muss aber trotzdem schon in die Schule, denn er soll und muss noch sehr viel lernen. Max begleitet seine Mami und seinen neuen Freund Lennie regelmäßig in die Hundeschule und findet alles, was die Hundetrainerin ihm beibringen will, sehr spannend. Als er seinen vielen Freunden davon erzählt, beschließen die Kinder, selbst eine eigene Hundeschule zu gründen. Nachdem sie eine kurze Zeit beraten haben, entwerfen sie den Stundenplan für die fünf Wochentage, denn Samstag und Sonntag gehört ja bekanntlich der Familie.

Stundenplan in der Hundeschule

Natürlich braucht jeder Hund ein Herrchen und so tun sich immer zwei Kinder zusammen*, eines ist erst einmal das Herrchen, das andere Kind der Hund. Eine Hundehütte ist schnell gebaut* und fröhlich ziehen die Hunde ein. Der Schulunterricht kann nun beginnen.

	Montag	Dienstag	Mittwoch	Donnerstag	Freitag
1. Stunde	Begrüßung	Hindernisse überwinden	Kunststücke lernen	Spuren folgen	Schulung des Gehörs
2. Stunde	Gehorsam sein	Durch die Röhre	Balancieren	Apportieren	

Montag, 1. Stunde
Begrüßung

Der Schulleiter stellt sich zuerst vor und begrüßt zuerst die Hundeschüler* und erfragt deren Namen. Er freut sich auch, dass die Herrchen der Vierbeiner* den Kurs in seiner Schule mitmachen möchten. Diese Begrüßungen gingen ja recht feierlich zu, nun wird es aber fröhlicher, denn auch die Hunde und die Menschen möchten sich miteinander bekannt machen*. Man kann sich leicht vorstellen, was daraus für ein fröhliches Durcheinander wird. Es gibt so viele Möglichkeiten*, wie sich Hunde mit Hunden, Menschen mit Menschen und Hunde mit Menschen begrüßen können und alle werden ausprobiert*. Das dauert eine ziemlich lange Zeit und dann beginnt auch schon die nächste Schulstunde.

Montag, 2. Stunde
Gehorsam sein

Hunde dürfen nicht weglaufen, sondern müssen immer nah beim Herrchen bleiben. Sie sollen auf das Rufen ihrer Herrchen sofort hören und gehorchen, damit sie nicht in Unfälle verwickelt werden. Das wollen wir nun einmal üben. Die Aufgabe heißt:

Jeder Hund läuft ganz dicht neben* seinem Herrchen, jeden Weg durch das Gelände legen sie gemeinsam zurück. Natürlich geht man nicht nur geradeaus*, sondern läuft mal schnell*, mal langsam*, in kleinen und großen Kurven* und ändert blitzschnell die Richtung. Da muss der Hund schon gut aufpassen, dass er das Herrchen nicht verliert.

Im zweiten Teil der Stunde müssen Lennie und die anderen Hunde lernen, dass sie von ihrem Herrchen auch einmal zurückgelassen werden. Sie sollen also so lange sitzen bleiben, wie das Herrchen läuft*. Irgendwann bleibt der Hundebesitzer dann stehen und das bedeutet für die Hunde, dass sie ganz schnell zu ihm rennen dürfen*. Weil sie ihre Aufgabe gut gelöst haben, bekommen sie die verdiente Belohnung, nämlich einen Klaps* auf den Po und dann wird die ganze Aufgabe wiederholt*.

Es klingelt zum Ende der Stunde, Hunde und Herrchen dürfen, so schnell sie können, nach Hause rennen*. Hoffentlich findet jeder seine Hundehütte wieder!

Dienstag, 1. Stunde
Hindernisse überwinden

Wenn Hunde bei ihren Spaziergängen unterwegs sind, dann gibt es für sie eigentlich kein Hindernis, das sie nicht überwinden möchten. In der Hundeschule sollen sie spezielle Techniken üben. Jedes Tier und auch die Herrchen springen nun über alles, was im Weg steht*. Natürlich gibt es nicht nur eine Möglichkeit, wie man das tun kann und das muss man nicht extra erwähnen, sie werden alle geübt*.

Manches Mal ist ein Zaun zu hoch, um darüber zu springen, dann muss man eben drunter durchkriechen. Aber auch das sollte immer wieder trainiert werden*.

Dienstag, 2. Stunde
Durch die Röhre

Jeder Hund hat einen Jagdtrieb, deshalb ist es auch verboten, Hunde im Wald ohne Leine laufen zu lassen. Trotzdem reizt es sie, auf den gemeinsamen Spaziergängen in einen Fuchsbau oder ein Mauseloch hineinzukriechen. Damit sie sich dabei nicht wehtun, üben die Tiere und die Menschen, sich ganz flach auf den Boden zu legen und trotzdem noch vorwärts zukommen*. Puh, das ist aber sehr anstrengend! Zur Entspannung müssen sich alle danach einmal strecken*, die Beine lockern* und die Arme ausschütteln*.

Derart fit gemacht, können alle jetzt durch die Röhren kriechen. Zuerst versuchen sie das vorwärts*, danach rückwärts kriechend*.

Die Schulglocke läutet. Die Trainerin ist zufrieden mit den Fortschritten der Teilnehmer: „Schluss für heute, wir sehen uns morgen früh wieder. Nun lauft schnell nach Hause* und erholt euch in eurer Hundehütte."

Mittwoch, 1. Stunde
Kunststücke lernen

Jedes Herrchen, jedes Frauchen freut sich, wenn sein (ihr) Hund auch ein Kunststück vorführen kann. Pfötchen geben* sollte dann auch jeder können. Allseits beliebt ist auch die Hunderolle*, denn dann bekommen die Tiere von ihren Eigentümern liebevolle Streicheleinheiten über den Bauch*.

Das schwierigste Kunststück ist der Stand auf den Vorderpfoten*, denn ein Hund ist es eigentlich gewohnt, auf allen vier Pfoten zu stehen und zu laufen. Das Herrchen oder Frauchen machen es, so gut sie können, vor und schon bald zappeln alle lustig mit ihren Beinen in der Luft.

Mittwoch, 2. Stunde
Balancieren

Das Laufen auf einem schmalen Untergrund liegt Hunden nicht so gut, wie zum Beispiel den Hauskatzen, trotzdem macht es ihnen Spaß, das Balancieren* zu üben. Verschieden breite Laufwege werden in der Hundeschule angeboten und alle werden nicht nur von den Hunden gern genutzt*. Es gibt mehrere Möglichkeiten, wie man hier balancieren kann, die fallen bestimmt auch den Teilnehmern in der Hundeschule ein*.

So, meine Lieben, die Schule ist für heute aus. Einen guten Heimweg wünscht euch eure Trainerin.

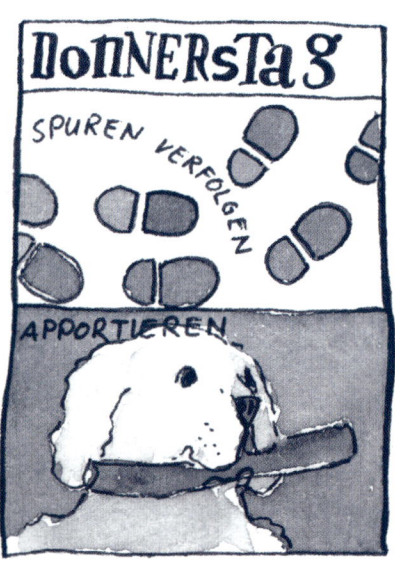

Donnerstag, 1. Stunde
Spuren verfolgen

Guten Morgen, liebe Hundeschüler. Schön, dass ihr wieder da seid. Heute müssen Hund und Herrchen besonders gut zusammenarbeiten. Alle Hunde suchen sich einen Platz auf einem Balancierbalken*. Von dort aus beobachten sie ihre Herrchen. Die gehen auf unterschiedlichen Wegen durch das Gelände*. Die Hunde merken sich den Weg und gehen dann, wenn die Herrchen zurück sind, den gleichen Weg nach*.

Zuerst sind das ziemlich leicht zu verfolgende Strecken*, später können die Strecken auch etwas länger und schwieriger werden*.

Donnerstag, 2. Stunde
Apportieren

„Das war ganz schön anstrengend, was ihr in der letzten Unterrichtsstunde geleistet habt. Zur Belohnung lernen wir nun etwas, was euch bestimmt viel Spaß macht. Die Hunde sollen ihren Herrchen nämlich Dinge zurück-

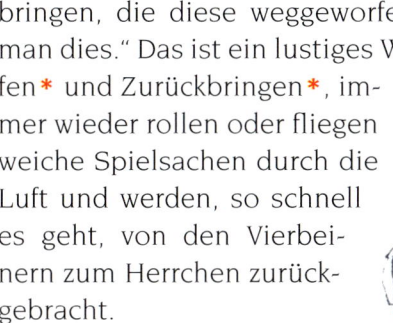

bringen, die diese weggeworfen haben. *Apportieren* nennt man dies." Das ist ein lustiges Wer-fen* und Zurückbringen*, im-mer wieder rollen oder fliegen weiche Spielsachen durch die Luft und werden, so schnell es geht, von den Vierbei-nern zum Herrchen zurück-gebracht.

Nun ist auch schon der vorletzte Tag in der Hundeschule zu Ende. Tschüss und Schluss für heute. Kommt gut nach Hause.

Freitag, 1. Stunde
Schulung des Gehörs

In der letzten Unterrichtsstunde kommt es auf das Hören an. Man kann besonders auf-merksam hören, wenn man die Augen ge-schlossen hat. Die Herrchen entfernen sich von ihrem Hund, verstecken sich sogar und rufen dann ihr Tier*. Da muss der Hund schnell herausfinden, von wo das Herrchen gerufen hat und dorthin laufen*. Das Rufen kann laut oder leise und sogar mit verstell-ter Stimme erfolgen und trotzdem finden die beiden immer wieder zusammen.

„Nun, liebe Schüler, das war eine ganz tolle Zeit mit euch, ich finde, ihr habt eine ganze Menge gelernt und könnt nun gut ausgebildet mit euren Herr-chen in eure Familien zurückgehen*. Macht's gut, vielleicht treffen wir uns auf einem eurer Spaziergängen einmal wieder."

Hilfe zur Durchführung

Einrichtung der Hundeschule: Es stehen mehrere Bänke teils auf den Füßen, teils auf den Sitzflächen in der Halle. Außerdem benötigen wir 3-4 „Tunnel", die aus zwei zusammengelegten Kasteninnenteilen gebaut werden, Gymnastikreifen – für jeweils zwei Kinder einen – liegen dazwischen verteilt auf dem Boden.

Hundehütte: Für jeden Hund einen Reifen auslegen.

Schulleiter: Der Gruppenleiter.

Begrüßungen: Bellen, schnüffeln, hochspringen, sich streicheln, abklopfen, abklatschen, auf die Schulter klopfen, umarmen und vieles mehr.

Rollen tauschen: Es bleibt dem Gruppenleiter überlassen, ob jede Stunde mit vertauschten Rollen wiederholt wird, oder ob ein Durchgang zu Ende geführt wird und erst dann getauscht wird.

Hindernisse überwinden: Über die Bänke springen, von einer Seite hinaufsteigen, auf der anderen hinunterspringen, Drehhocksprünge auf die Bank.

Röhre: Jeweils zwei Kasteninnenteile zusammenfügen und auf der langen Seite auf den Boden legen.

Pfötchen geben: Im Vierfüßlerstand erst die eine, dann die andere Hand nach oben heben.

Hunderolle: Mit angewinkelten Armen und Beinen über den Rücken hin- und herrollen.

Stand auf den Vorderpfoten: Zappelhandstand (Hände auf den Boden, mit den Beinen in der Luft zappeln).

Balancierbalken: Die unterschiedlich aufgestellten Bänke.

Balancierformen: Vorwärts und rückwärts, mit Drehungen oder aneinander vorbeigehend, auf allen vieren.

Ein Ausflug mit dem Auto

Material: Für jedes Kind einen Gymnastikreifen.

Heute haben wir etwas ganz Besonderes vor, wir wollen aufs Land fahren und zwar jeder von euch mit dem eigenen Auto. Vor der ersten Autofahrt, bei dem man selbst am Steuerrad sitzt, hat man schon ein wenig Angst und deshalb wollen wir erst einmal eine Probefahrt machen.

Nehmt das Lenkrad in beide Hände*, denn die Fahrt beginnt. Zuerst fährt jeder für sich kreuz und quer durch das Gelände*, bitte gebt aber acht, dass ihr mit keinem Auto zusammenstoßt, denn sonst gibt es Blechschäden oder sogar Verletzungen. Wie ihr seht, ist das Vorwärtsfahren gar nicht schwer, aber wie ist es, wenn alle Autos rückwärts* fahren? Da muss man immer mal wieder über die Schulter schauen* und auf die anderen Fahrer Rücksicht nehmen.

Zu unserem großen Pech sind wir nun in eine Baustelle geraten. Einige Straßen sind nicht mehr befahrbar, deshalb müssen wir uns auf die freigegebenen Strecken beschränken. Sie sind farbig markiert. Nun fahren wir eben alle nur noch auf den farbigen Linien* herum. Aber, Achtung! Immer wenn man an einer Ecke abbiegen will, muss man den linken* oder rechten* Arm herausstrecken, damit der Fahrer, der hinter euch fährt, sich darauf einstellen kann.

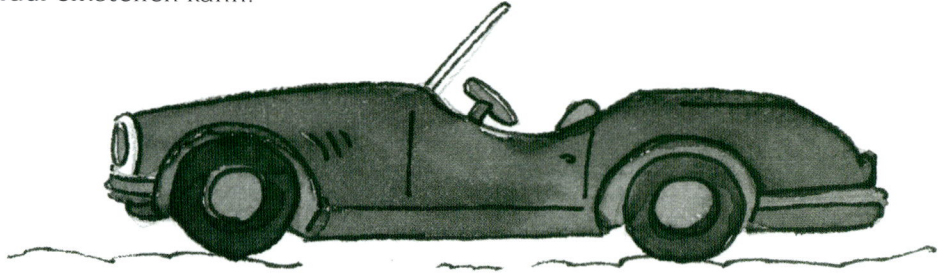

Bis jetzt sind wir ja ziemlich langsam gefahren, nun aber wollen wir beim Vorwärtsfahren ein wenig Tempo zulegen*. Erster Gang . . . zweiter Gang . . . dritter Gang . . . vierter Gang! Super! Nun brausen wir mit hohem Tempo durch die Landschaft. Manche Autos haben einen sehr starken Motor, die können die langsameren überholen*. Natürlich muss man dann auch wieder den Blinker setzen*, damit der Fahrer hinter uns Bescheid weiß.

Ganz wichtig beim Autofahren ist es, bremsen zu können. Fahrt deshalb alle noch einmal, so schnell es geht, kreuz und quer* durchs Gelände. Immer wenn ein anderes Fahrzeug euren Weg kreuzt, dann bremst ihr, so schnell wie möglich* und bleibt vor dem anderen Auto stehen*. Ganz wichtig ist, dass ihr immer schaut*, wo sich die anderen Wagen befinden. Ich hoffe doch sehr, dass es keinen Unfall gibt.

Das hat wirklich gut geklappt, kein Auto ist beschädigt und alle Fahrer sind gesund geblieben. Dann können wir uns jetzt auf große Fahrt begeben.

Gemütlich fahren* wir zuerst auf einer sehr schmalen Landstraße. Ein hohes Tempo ist hier gar nicht möglich, denn es folgt eine Kurve* auf die andere, fast wie auf einer Slalomstrecke. Zudem geht es steil bergan und die Motoren haben ordentlich zu tun, um uns bis oben auf den Berg zu bringen. Bergab können wir schon ein wenig mehr Gas geben* und dann erreichen wir auch bald die Autobahn. In flottem Tempo fahren hier zwei oder sogar drei* Autos nebeneinander. Doch was ist denn das, was wir da vor uns sehen? Ganz viele rote Rücklichter kündigen uns einen Stau an. Wir müssen stehen bleiben und warten.

Da sitzen wir nun in unseren Fahrzeugen herum und langweilen uns! Kommt her, wir steigen aus und vertreiben uns ein wenig die Zeit. Ich schlage vor, wir probieren einmal aus, was man allein mit einem Lenkrad alles anstellen kann*.

Seht ihr, so kann man in einer langweiligen Wartezeit ganz viele Dinge erfinden. Aber leider rollt der Verkehr noch immer nicht weiter. Deshalb versuchen jetzt immer zwei Kinder, miteinander* mit einem Reifen zu experimentieren.

Achtung, Achtung, der Stau löst sich langsam auf und wir müssen schnell wieder die Lenkräder in die Hände nehmen und mit unseren Autos weiterfahren. Stop and go, also einmal stehen bleiben und dann wieder anfahren, so geht die Fahrt ganz langsam weiter. Also, jetzt reicht es aber, an der nächsten Ausfahrt fahren wir ab, denn diese Trödelei macht nun wirklich keinen Spaß. Dann benutzen wir doch lieber wieder die Landstraße, auch wenn dort viele Kurven zu fahren sind. Unser Ziel ist eine Spielwiese, auf der wir noch mit unseren Lenkrädern einige Spiele ausprobieren wollen. Und da ist sie auch schon! Wir steigen aus und legen mit allen Rädern eine lange Leiter. Auf unterschiedliche Weise* klettern wir hinauf.

Mit unseren Lenkrädern können wir auch einen langen Tunnel bauen, durch den man hindurchkriechen kann. Lasst uns das einmal ausprobieren. Noch lange spielen alle auf dieser Wiese und es ist erstaunlich, wie viele Möglichkeiten ihnen einfallen, die sie mit den Lenkrädern spielen können. Aber jeder schöne Ausflug muss auch einmal zu Ende gehen, Deshalb ist jetzt Schluss mit dem Spielen, bitte steigt wieder in eure Autos ein und dann fahren wir, so schnell es geht, wieder nach Hause.

Hilfe zur Durchführung

Experimentierphase allein
Reifen rollen; wegrollen und wieder einholen; hinein- und herausspringen; andrehen und in den Reifen springen, bevor er auf dem Boden liegt; auf dem Reifen vorwärts und rückwärts balancieren.

Experimentierphase zu zweit

Pferdchen spielen: Ein Kind steht im Reifen, das andere hält ihn in einer waagerechten Position fest, gemeinsam galoppieren sie durch den Raum.

Das Karussell: Reifen mit einer Hand jeweils an den gegenüberliegenden Seiten anfassen und umeinander herumlaufen.

Die große Rolle: Mit dem Gesicht zueinander gewandt auf den Bauch legen, den Reifen zwischen sich halten und sich gemeinsam vom Bauch auf den Rücken oder sogar um die eigene Achse drehen.

Abschleppdienst: Ein Kind steht im Reifen oder liegt mit dem Bauch auf dem Boden, das andere zieht es vorwärts.

In die Höhle: Ein Kind stellt den Reifen senkrecht auf den Boden und hält ihn fest, das andere kriecht hindurch.

Hoher Einstieg: Ein Kind hält den Reifen waagerecht über dem Boden, das andere steigt oben hinein und kriecht unten wieder heraus.

Lange Leiter: Alle Reifen hintereinanderlegen. Vorwärts oder rückwärts gehen, dabei immer beide Füße in den Reifen setzen; desgleichen, aber nur jeweils einen Fuß in jeden Reifen setzen; mit geschlossenen Füßen vorwärts hüpfen; Drehhocksprünge (Hockwenden); auf einem Bein hüpfen usw.

Die große Pfütze

Material: Viele, viele Zeitungen, die in jede Menge Schnipsel zerrissen wurden, dazu eventuell Styroporchips, Schaumstoffflocken oder andere Kleinteile. Die Geschichte kann auch draußen in einem herbstlichen Laubwald gespielt werden.

„Du bist aber ganz bestimmt in einer Stunde zu Hause", sagt die Mami zu Max, als der noch ein wenig nach draußen will, um mit seinen Freunden zu spielen. „Ja klar, ganz bestimmt, Mami, du kannst dich auf mich verlassen!", antwortet Max und ist auch schon verschwunden. Seine Freunde warten bereits auf ihn und nehmen ihn mit zu einer riesengroßen und ziemlich tiefen Pfütze, die sich nach dem letzten Regen gebildet hatte. „Juchu, was ist das für eine tolle Pfütze!", ruft Max voller Freude und schon marschieren alle ganz vorsichtig, mit kleinen Schritten durch das Wasser*. Aber wenn eine Gruppe von Kindern unterwegs ist, dann fallen ihnen tausend Sachen ein, die man hier ausprobieren kann. „Wir müssen jetzt die Knie ganz hochziehen und wie ein Storch die Füße immer von oben herab ins Wasser setzen*", sagt Maik, „aber passt auf, dass euch das Wasser nicht oben in die Stiefel hineinläuft!" – „Dann ist es doch besser, wenn wir durch das Wasser schlurfen, also die Füße immer nur flach vorwärts schieben*", schlägt Max vor, und dieser Vorschlag gefällt allen Kindern gut.

Immer schneller* schlurfen sie hintereinander her durch die Pfütze, sodass richtige Wellen entstehen und es nach allen Seiten spritzt*. „He, wir können auch in Schlangenlinien laufen*, dann bekommen die Wellen noch Wellen!", ruft Axel. In einer wilden Jagd rennen* alle Kinder durch die Pfütze. „Lasst uns einmal gucken, was passiert, wenn wir alle im Kreis hintereinander herlaufen*", regt Axel an, denn er hat ja immer jede Menge guter Ideen. Es dauert nicht lange, bis eins von den Kindern versucht, die Pfütze mit einem großen Satz zu überspringen*. Also, anlaufen – abspringen – und landen*. Platsch! Da hat Nina es nicht ganz geschafft, sie ist mitten in der Pfütze gelandet und das Wasser spritzt nach allen Seiten weg*. Eigentlich wollten sich die Kinder ja nicht so schmutzig machen, aber nun finden sie alle, dass ein paar Wasserspritzer doch gar nicht so schlimm sind und so kommt es, dass einer nach dem anderen mit beiden Füßen gleichzeitig* mitten hinein in die Pfütze springt*. Die Kinder probieren aus, wie viele verschiedene Möglichkeiten* es gibt, in die Pfütze zu springen. Und das, was einem Kind einfällt, machen die anderen natürlich sofort nach*. Rückwärts*, seitwärts*, auf dem rechten* und auf dem linken* Bein, mit einer Drehung* und mit mehreren Sprüngen hintereinander* planschen sie in der Pfütze herum. Das ist ein Spaß, der eigentlich kein Ende nehmen will.

Heimlich formt Nina mit beiden Händen eine Schale, schöpft etwas Wasser und schüttet es Max über den Kopf*. „He, du bist gemein!", protestiert Max, „aber warte nur, was du kannst, das kann ich auch." Eine wilde Jagd beginnt, denn jedes Kind möchte nun ein anderes mit Wasser bespritzen✳. Axel stellt sich freiwillig mitten in die Pfütze und alle Kinder lassen immer wieder Wasser über seinen Kopf und Rücken rieseln✳. Die Freunde schauen sich an und müssen laut lachen, denn alle sind vom Kopf bis zu den Füßen pudelnass. Alle Sorgen um schmutzige und nasse Kleider sind vergessen und deshalb entscheiden sie sich, sich in der Pfütze herumzuwälzen✳. Sie strampeln mit den Füßen✳, patschen mit den Händen✳, sodass das Wasser nur so in der Luft herumspritzt. Schließlich ist fast gar kein Wasser mehr in der Pfütze. Die Pfütze ist leer – die Kinder sind nass. Zum Glück ist es warm draußen und es macht wirklich nichts aus, dass sie bis auf die Haut klatschnass sind. An ihrer Kleidung befindet sich natürlich auch kein einziges trockenes Fädchen mehr.

Au weia, jetzt wird es aber Zeit! Max erinnert sich, dass er ja gar nicht lange draußen bleiben darf, er macht sich schnell✳ auf den Weg nach Hause und was denkt ihr, wie wird er wohl von seiner Mami empfangen?

Hilfen zur Durchführung

Die Pfütze: Die Umrisse mit einer Zauberschnur andeuten, den Innenkreis mit den Zeitungsschnipseln und anderen Kleinteilen (Wasser) füllen.

Familie Stöpsel

Material: Im Kindergarten oder in der Wohnung einige Geräte oder Möbelstücke, hinter denen man sich verstecken und auf die man hochsteigen kann; in der Turnhalle kleine und große Kästen.

In großen, dunklen Wäldern und auf grünen Wiesen leben winzig kleine Wesen, die man kaum mit dem bloßen Auge sehen kann. Man benötigt beinahe ein Vergrößerungsglas, um diese Winzlinge, sie heißen übrigens Stöpsel, sehen zu können. Stöpsel sind ganz besonders scheu und haben schreckliche Angst vor allen Lebewesen, die größer sind als sie selbst und es ist uns allen klar, dass wirklich sehr, sehr viele größere Tiere und auch Menschen im Wald unterwegs sind. Und weil die Stöpselchen so scheu sind, ist es bisher auch nur ganz wenigen Menschen gelungen, sie in der freien Natur zu beobachten.

Nun muss ich euch von meinem großen Glück erzählen: Als ich neulich frühmorgens im Wald unterwegs war, habe ich doch wahrhaftig eine große Gruppe von diesen kleinen Würmchen beobachten können! In einer langen Reihe* marschierten sie durch den Wald, alle gingen hintereinander, niemals gingen zwei nebeneinander. Hin und wieder legten sie ein Ohr auf den Boden*, um zu hören, ob sie von einem Feind verfolgt würden. Ich verhielt mich ganz still und vermied das kleinste Geräusch. Doch plötzlich war ein Knacksen zu hören und – husch – waren alle Stöpsel verschwunden. Ich konnte beobachten, wie sich einige von ihnen hinter Büschen und Bäumen versteckt* haben, andere sind auf einen Baum geklettert* und was meint ihr, was die Allerkleinsten gemacht haben? Richtig, die habe sich flach auf den Boden gelegt* oder sich zu kleinen Päckchen zusammengerollt*.

Ich habe kaum zu atmen gewagt und wartete gespannt ab, was nun passieren würde. Endlich! Nach einer langen Zeit trauten sich die Stöpsel wieder vorsichtig aus ihren Verstecken heraus, horchten* noch einmal, ob sich niemand in der Nähe befand und setzten ihren Weg durch den Wald fort. Natürlich gingen sie in der ihnen angeborenen Art, nämlich alle hintereinander* und mit klitzekleinen Schritten weiter. Noch saß ihnen der Schreck in den Gliedern und deshalb liefen* sie nun auch ein wenig schneller.

So leise es ging, folgte ich ihnen. Wo wollten die kleinen Wesen nur hin? Aha, eine wunderschöne Wiese tief im Wald war ihr Ziel, hier waren sie anscheinend zu Hause. Sie wurden von den Daheimgebliebenen herzlich be-

grüßt*, allerdings auf Stöpselart und nicht so, wie wir das tun. Was glaubt ihr, wie sie das gemacht haben*? Probiert es doch einmal aus. Als die allgemeine Begrüßung erledigt war, setzten sich alle Stöpsel nebeneinander in einen großen Kreis*. Diejenigen, die gerade von ihrem Ausflug zurückgekommen waren, erzählten von den Erlebnissen, die sie unterwegs hatten. Der kleinste Stöpsel – er hieß Stumpel – erzählte, dass er einmal ganz schnell vor einem wilden Tier fliehen musste. „Was denkt ihr, ich konnte mich gerade noch rechtzeitig retten, weil ich so schnell wie der Blitz geflohen bin. Das solltet ihr alle einmal üben, damit es klappt, wenn es nötig ist." Das ließen sich die anderen Stöpsel nicht zweimal sagen. Sie jagten hintereinander her*, schlugen Haken*, sprangen* über Gräben und Hecken und suchten sich bei dem leisesten Geräusch schnell ein Versteck*.

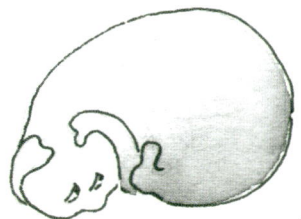

„Wisst ihr, was uns noch passiert ist?", fragte der kleine Stumpel, „wir sind in einen bitterkalten Regenguss geraten! Natürlich hatten wir wieder einmal unsere Regenjacken vergessen und wurden klatschnass. Eisig kalt war es und wir haben nur so gezittert* vor Kälte. Um wieder warm zu werden, sind wir wie wild durcheinander gehüpft*, haben die Arme und Beine durch die Luft geschleudert* und uns gegenseitig warmgerubbelt*. Hoffentlich haben wir uns nicht erkältet. Und das könnt ihr mir glauben, so schnell möchte ich das nicht wieder erleben!"

„Nun hört mir doch bitte auch einmal zu", sagte die kleine Knubbeline, „einmal musste ich über eine Wurzel klettern, dabei bin ich abgerutscht und habe mir den Fuß verstaucht. Glaubt mir, das tat höllisch weh und ich konnte nur noch auf einem Bein weiterhüpfen*! Ich kann euch nur raten, das

auch einmal zu üben, damit ihr es im Notfall könnt."
„Ich kann das", „und ich auch", riefen die anderen Stöpsel laut durcheinander und man konnte sehen, wie sie sowohl mit dem rechten * als
auch mit dem linken * Bein eine ganze Weile um-
hergehüpft sind.

„Hallo, darf ich auch einmal etwas sagen?",
fragte ein schüchternes Stöpselkind. „Ich bin auch
einmal in eine sehr schwierige Situation gekommen.
Ich stand nämlich auf einem hohen Berg, der war so steil,
dass ich nicht wusste, wie ich da herunterkommen sollte. Zum Glück habe
ich es irgendwie doch noch geschafft und jetzt frage ich euch: Könnt ihr
euch denken, wie ich es gemacht habe?" „Na klar!", riefen alle durcheinander, sodass man kein Wort verstehen konnte. Und dann zeigten alle Stöpsel,
wie sie sich vorstellen, dass man den steilen Abstieg schaffen kann *.

Ich war sehr gespannt, wie der Tag der Stöpsel weiter verlaufen würde. Aber
leider hat mich eines der kleinen Wesen in meinem Versteck entdeckt, es
hat alle anderen gewarnt und im Nu war die kleine Bande irgendwohin verschwunden. Ich rate euch dringend, passt immer gut auf, wenn ihr durch
den Wald geht, vielleicht könnt ihr dann auch solche wundersamen Wesen
entdecken.

Hilfe zur Durchführung

Begrüßung: Die Kinder erfinden verschiedene Möglichkeiten, wie
man sich begrüßen kann. Mit Nase an Nase, mit Popo
an Popo, mit den Händen rückwärts durch die gegrätschten Beine, mit einem Stups in den Bauch usw.

Verstecken: Die Geräte oder Möbelstücke bieten Gelegenheiten,
um sich zu verstecken oder hinaufzuklettern.

Steiler Berg: Hinlegen und um die eigene Achse rollen, sich auf den
Po setzen und vorwärts robben, rückwärts auf allen vieren laufen.

Unterwegs im Wald

> **Material:** Mehrere Bänke, viele Hasel- und/oder Walnüsse, ein Eimer, einige Papprohre (Innenteil von Alu- oder Frischhaltefolie) eventuell etwas Klebeband, viele Kasteninnenteile, zwei Taue oder 4-6 Seile.

Habe ich euch eigentlich schon einmal erzählt, dass das Haus, in dem Nina und Axel wohnen, ganz in der Nähe eines großen Waldes liegt? Nein? Dann wird es aber wirklich Zeit, denn ich habe gehört, dass die beiden heute eine kleine Wanderung machen wollen. Möchtet ihr mitkommen?

Wir machen uns auf den Weg, um interessante Abenteuer zu erleben. Mit großen Schritten* geht es flott* voran. Doch schon bald kommen wir an einen Berg, bei dem es ziemlich steil bergan geht und wir müssen mit kleinen Schritten hinaufstapfen*. Oben angekommen, entdecken wir viele Baumstämme, die auf ihren Abtransport ins Sägewerk warten. Aber so lange sie hier herumliegen, können wir wunderbar auf ihnen balancieren. Zuerst versuchen wir es mit einfachem Vorwärtsgehen*, dann gehen wir auf den Zehenspitzen* und strecken dabei die Arme noch hoch in die Luft*. Nun versuchen wir, über die Baumstämme zu laufen* oder wie der Storch im Salat zu gehen* und schließlich krabbeln wir auf allen vieren*. Nina testet, ob sie auch rückwärts balancieren kann und ist ganz stolz, dass sie es schafft.

Das mit dem Rückwärtsgehen* probieren natürlich alle aus und eigentlich ist es ja auch gar nicht so schwer, man muss halt nur gut aufpassen, dass man nicht herunterfällt. Aber gelingt es auch, euch oben auf dem Baumstamm einmal um die eigene Achse zu drehen* und wie schwer ist es, dass zwei Kinder aneinander vorbeikommen*, wenn sie sich auf dem Baumstamm begegnen, ohne dass ein Kind absteigen muss?

Inzwischen hat Axel versucht, auf den Baumstamm zu springen und auf der anderen Seite hoch und weit wieder herunter*. Hoppla, das ist gar nicht so einfach, denn fast wäre er mit der Nase in den Dreck gefallen. Aber auch hier stimmt wieder das Sprichwort „Übung macht den Meister", denn schließlich ist es für alle Kinder* eine leichte Sache und wir können einmal gucken, wer den weitesten Sprung* von oben herunter schafft.

Habt ihr es auch gehört? Da war doch eben so ein merkwürdiges Geräusch, das von ziemlich weit entfernt zu uns herüberschallt. Was mag das nur sein? Schnell rennen wir dem Lärm entgegen, je näher wir kommen, umso lauter wird es. Endlich können wir sehen, was los ist: Hier sind Waldarbeiter am Werk. Sie haben Bäume gefällt und nun sägen* immer zwei von ihnen die Stämme in kurze Stücke. Andere Männer haben eine große Axt und spalten* die Stücke in kleine Teile. Axel weiß, dass nur solche kleinen Holzscheite in den Ofen passen und deshalb die dicken Klötze kleingehackt werden müssen.

Lange genug haben wir den Waldarbeitern zugeschaut, lasst uns jetzt weitergehen, denn im Wald gibt es noch eine Menge zu entdecken. Schaut einmal, hier liegen ganz viele Nüsse, die die Eichhörnchen verloren haben. Die kommen uns gerade wie gerufen, denn sie eignen sich prima zum Werfen. Ach, wer hat nur den alten Eimer, der eigentlich gar nicht in den Wald gehört, hier zurückgelassen? Heute sind wir froh, dass er hier herumliegt, denn er eignet sich bestens als Ziel. Lasst uns versuchen, die Nüsse hineinzuwerfen*. Wer von euch kann gut zielen? Na, das ging aber noch nicht so gut, das müssen wir noch ein wenig üben*.

Wie weit könnt ihr eigentlich so eine kleine Nuss kullern*? Kullern ist viel besser als werfen, denn zu schnell ist jemand am Kopf getroffen, und eine Nuss am Kopf tut ganz schön weh! Also, die Nüsse nur flach* über den Boden kullern. Schade, dass so viele Hindernisse im Weg liegen. Was meint

ihr, können wir uns wohl eine Kullerbahn bauen? Hier liegen ein paar Papprohre herum, die sich großartig dazu eignen würden. Lasst uns überlegen, wie wir das hinkriegen*. Vielleicht können wir die Baumstämme so anordnen, dass eine schiefe Ebene* entsteht, auf der wir dann die Papprohre miteinander verbinden. Gute Idee! Also schnell ans Werk. Schon bald ist die Kullerbahn gebaut* und wenn endlich alle Nüsse mehrmals hinuntergerollt sind*, können wir weiter auf Entdeckungsreise gehen*.

Schaut einmal, dort an der Steilwand des Berges befindet sich eine Kletterstation. Auf der rechten Seite steigt man bergauf* und an der linken wieder bergab*. Von oben hat man eine gute Sicht über das gesamte Waldgelände. Es wäre gut, wenn wir jetzt ein Fernrohr hätten . . . aber halt! Wir können doch die Rohre von der Kullerbahn als Fernrohr benutzen. Schnell hat jedes Kind ein Fernrohr ergattert*! Aber ob wir mit dem Fernrohr im Gepäck den steilen Aufstieg schaffen, müssen wir erst noch ausprobieren. Es ist nämlich ganz schön schwierig, mit einem Gegenstand in der Hand die Spitze des Klettersteigs zu erklimmen. Entweder man hat nur eine Hand zum Festhalten frei, was sehr gefährlich ist, oder man muss mit einem Körperteil das Fernrohr irgendwie festklemmen*. Super, jetzt kann man einmal beobachten, wie erfinderisch* ihr Kinder seid!

Oben von der Bergspitze konnten wir eine Höhle sehen und da rennen* wir jetzt ganz schnell hin. Alle wollen zuerst da sein und es ist wieder einmal nicht zu klären, wer eigentlich Erster war. Aber das ist ja auch gar nicht wichtig. Nacheinander krabbeln* alle Kinder auf Händen und Knien in die Höhle. Doch nein, das ist ja gar keine Höhle, sondern ein Tunnel, denn man kann am anderen Ende schon den Ausgang erkennen. Nachdem alle mehrmals durch den Tunnel gekrochen sind, machen es sich einige Kinder im Tunnel bequem*, während die anderen oben auf dem Tunnel herumklettern*. Sie geben Klopfzeichen* und warten gespannt auf eine Antwort* von unten.

Damit die Kinder im Tunnel keine Kopfschmerzen bekommen, verlassen wir ihn und setzen* unseren Weg durch den Wald fort. Den Kindern fallen viele Möglichkeiten* ein, wie man durch den Wald pirschen kann. Auf jeden Fall wollen alle dabei ganz leise* sein, damit die Tiere des Waldes nicht gestört werden.

Bevor wir wieder nach Hause gehen, müssen wir noch einen kleinen Bach überqueren*. Wie kommen wir nun ans andere Ufer? Die Kinder haben da wieder einmal ganz viele Ideen, wie man das bewerkstelligen kann und wir probieren* sie alle aus.

Nun ist es nicht mehr weit bis zum Haus von Nina und Axel, wir können es schon durch die Bäume sehen. Lasst uns rennen* und dann werden wir sehen, wer zuerst dort ankommt.

Hilfe zur Durchführung

Baumstämme: Auf den Füßen oder der Sitzfläche stehende Langbänke.

Kletterstation: Sprossenwand oder Gitterleiter.

Höhle (Tunnel):   Kasteninnenteile, die ineinandergesteckt auf die lange Seite gelegt werden.

Alle anderen Bewegungsmöglichkeiten können von den Kindern leicht nachvollzogen und umgesetzt werden.

III Kurzgeschichten

Einführung

Nicht immer passt eine ausführliche Bewegungsgeschichte zur Planung einer Stunde. Die Gründe dafür sind wohl zum einen bei den Kindern zu suchen, die sich noch nicht über einen längeren Zeitraum darauf einlassen können, sich nach einer Geschichte zu bewegen. Noch mangelt es ihnen möglicherweise am nötigen Vermögen, anhaltend bei einer Sache zu bleiben, sie sind nicht ausdauernd genug oder ihre Konzentration lässt schnell nach. Oder aber es fehlt ihnen an der Fantasie, die es ihnen ermöglicht, eine andere Rolle einzunehmen oder einem Gegenstand eine andere Funktion zuweisen zu können. Deshalb sollten wir sie behutsam und vor allem ohne Zwang an diese Methode heranführen und sie in kleinen Sequenzen erleben lassen, wie viel Freude es macht, sich in eine Rolle hineinzuspielen. Bei diesem Spiel tritt die Realität in den Hintergrund, das Kind nimmt eine neue Identität an oder funktioniert einen Gegenstand zu immer neuen Objekten um.

Man kann leicht nachvollziehen, dass es für viele Kinder einfacher ist, etwas, was sie sehen können. nachzumachen oder sich nach genauen Anweisungen zu bewegen. Dies vor allem, weil sie bisher nichts anders kennen gelernt haben. In diesem Fall ist es sinnvoll, sich mit kleinen Schritten einer Vorgehensweise anzunähern, nähmlich mit einer Kurzgeschichte zu beginnen.

Aber auch der Übungsleiter oder Erzieher greift gern auf eine kürzere Geschichte zurück. Vielleicht möchte er eine aufwendige Bewegungslandschaft in den Mittelpunkt seiner Stunde stellen und benötigt noch etwas Ansprechendes für die Einstimmung. Oder es bleibt am Ende einer Stunde nur noch wenig Zeit, die mit einer kurzen Story, die zum Beispiel ein kleines Spiel beinhaltet, gefüllt werden kann.

Die folgenden Kurzgeschichten ranken sich um kleine Spiele, die neu erlebbar, weil fantasievoll verpackt sind, um Spiele zu verschiedenen Wahrnehmungsbereichen, um kleine Erlebnisse aus dem Alltag oder um kreative Erfahrungen mit Alltagsmaterialien.

Viele kleine, liebevoll verpackte Beiträge warten im folgenden Kapitel darauf, ausgepackt und in spielerische und freudvolle Bewegung umgesetzt zu werden.

Der schläfrige Oskar

Material: Eine Schlenkerpuppe, ein Tamburin (alternativ: in die Hände klatschen), eine Matte.

Schaut einmal, wen ich euch heute mitgebracht habe: Es ist Oskar, die lustige Schlenkerpuppe. Sie kann ihre Arme und Beine, aber auch die Hände und Knie bewegen, genau wie ein Mensch.

Leider hat Oskar eine sehr seltene Krankheit und liegt ausgestreckt und stocksteif in seinem Bett. Ihr könnt euch sicher vorstellen, wie man sich fühlt, wenn man sich nicht bewegen kann. Wollt ihr einmal versuchen, so steif und unbeweglich wie er zu sein? Ja, das ist für kurze Zeit ja ganz schön, aber auch ziemlich anstrengend.

Soll ich euch verraten, was für eine ungewöhnliche Krankheit Oskar hat? Er kann sich nur bewegen, wenn ihm keiner zuschaut. Ich bin sicher, dass ihr

GÄÄÄHN

nicht wollt, dass er immer nur so steif in seinem Bett liegt, deshalb rennt ihr für eine kurze Zeit, so schnell ihr könnt, durch den Raum. Durch ein besonderes Geräusch, nämlich einen Trommelschlag, ruft euch unser Patient dann wieder zu sich. Und dann sollt ihr erkennen, was sich an seiner Haltung verändert hat und nachmachen, wie Oskar nun in seinem Bett liegt. Nur wenn ihr alle die Arme und Beine, den Kopf und die Hände genauso haltet wie er, könnt ihr wieder im Raum herumlaufen und auf ein neues Signal von Oskar hören.

Nach einiger Zeit, in der er sich an euch gewöhnt hat, hat Oskar jetzt keine Angst mehr vor den vielen Kindern, die um sein Bett stehen. Deshalb traut er sich jetzt auch, seine Gelenke zu bewegen, wenn ihm viele kleine Menschen zuschauen. Aber, Achtung! Nun müssen die Zuschauer ganz genau aufpassen, denn nun bewegt Oskar seine Gelenke nacheinander in einer bestimmten Reihenfolge und er möchte, dass ihr alle seine Bewegungen in der gleichen Reihenfolge nachmacht. Nur keine Angst, er fängt erst einmal mit drei verschiedenen Bewegungen an, nachher werden es dann etwas mehr. Es wird ganz spannend sein, wer von euch die meisten Körperhaltungen behalten und richtig nachmachen kann. Kommt, wir probieren es aus.

HIPHOP

Er ist doch wirklich ein gutmütiger, kleiner Kerl, der gut zu uns passt. Was meint ihr dazu, wenn Oskar hin und wieder zu uns kommt und zeigt, was man mit den Armen und Beinen, mit Händen und Füßen alles machen kann?

Hilfen zur Durchführung

Oskar: Die einzelnen Körperteile von Oskar werden aus Fotokarton ausgeschnitten und mit Musterbeutelklammern zusammengefügt. Oskar kann in den Gelenken von Armen, Händen, Hüfte, Beinen und den Knien bewegt werden (siehe Kopiervorlage Seite 139). Der Übungsleiter bewegt einzelne Körperteile während die Kinder herumlaufen und lässt Oskar in einer neuen Körperhaltung liegen.

Oskars Bett: Eine Matte, eventuell schräg auf ein Sprungbrett gelegt, damit die Puppe von allen Kindern gut gesehen werden kann.

Die schillernden Kugeln

Material: Ein oder zwei Röhrchen mit Seifenblasen.

Als ich gestern in unserem Kinderzimmer aufgeräumt habe, fand ich eine kleine bunte Flasche. Wenn ich sie euch jetzt zeige, dann könnt ihr euch sicher denken, was darin ist? – Na klar! Das habe ich mir gedacht, denn eigentlich weiß doch jedes Kind, wie ein Röhrchen mit Seifenblasen aussieht. Ich sehe ein, dass jeder von euch erst einmal ganz viele von den bunt schillernden Kugeln fangen und zum Platzen bringen möchte. Ja, und damit fangen wir jetzt auch erst einmal an.

Ich glaube, jetzt habt ihr genügend Kugeln gefangen, deshalb möchte ich euch nun erzählen, um was mich die älteste aller Seifenblasen gebeten hat. Sie hat mir gestern ins Ohr geflüstert, dass sie sich so sehr Kinder wünscht, die mit diesen zarten Bällen besonders vorsichtig umgehen können. Findet ihr nicht auch, dass diese zerbrechlichen Kugeln es eigentlich verdient haben, dass man sie so zärtlich wie möglich behandelt? Ob hier jetzt wohl gerade solche Kinder vor mir stehen? Ich bin sehr gespannt.

Also, gleich werden ganz viele Seifenblasen in der Luft herumschweben und jeder von euch bekommt eine sehr schwierige Aufgabe. Jedes Kind darf sich nämlich eine, **nur eine** ganz bestimmte davon, aussuchen. Ihr verfolgt dann eure Seifenblasen mit den Augen, schaut aufmerksam, wie sie langsam nach unten schwebt und wartet ab, bis sie sanft, ganz sanft auf eurer Hand landet. Und wenn sie dort nicht zerplatzt, dann dürft ihr sie behalten . . . Nun, ist eine der Seifenblasen heil geblieben? Nein, dann versuchen wir es gleich noch einmal. Schade, der Seifenblasen-Landeplatz ist anscheinend nicht weich genug. Ich fürchte, dass wir auch bei weiterer Versuchen kein Glück haben werden und ich hätte es euch so sehr gewünscht, dass ihr eure Seifenblase mit nach Hause nehmen könnt.

Aber die dicke, alte Seifenblase hat mir noch ein Spiel verraten, das man mit ihren Artgenossen spielen kann. Dieses Spiel heißt „Abwarten" und das ist ja bekanntlich für Kinder sehr, sehr schwer. Möchtet ihr es trotzdem versuchen und denkt ihr, dass ihr ganz lange abwarten könnt? Na gut, dann probieren wir es einmal aus:

Gleich schweben hier wieder viele, bunt schillernde Kugeln in der Luft. Die spannende Frage ist: Dürfen alle diese Kugeln platzen, ohne dass ein einziges Kind eine einzige kaputt macht? Mit den Augen beobachten wir, wie sie nach und nach verschwinden, wie sie sich einfach in der Luft auflösen und wenn wir so lange warten konnten, bis auch die allerletzte Kugel geplatzt ist, dann klatschen wir ganz fest in die Hände und trampeln dazu mit den Füßen auf den Boden. Wer so lange warten kann, der hat einen Riesenapplaus verdient. Oder will etwa jemand von euch ein Spielverderber sein?

Hilfen zur Durchführung

Während des Spiels „Abwarten" sitzen die Kinder am besten auf dem Boden, zeigen sich gegenseitig die letzten klitzekleinen Bläschen. Die Anspannung entlädt sich dann in donnerndem Applaus.

Das Rot hat sich versteckt

Material: Viele, viele Spielsteine in den vier Grundfarben, vier Kärtchen aus Fotokarton in den gleichen Farben, sehr viele kleine Joghurtbecher.

Stellt euch das einmal vor! Die Spielsteine vom Mensch-ärgere-dich-nicht-Spiel hatten keine Lust mehr, immer nur in einem Pappkarton herumzuliegen und wollten endlich einmal in unserer großen Halle mit uns spielen. Weil sie sich ein bisschen vor so vielen Kindern fürchten, haben sie sich ganz heimlich unter den vielen Bechern, die hier herumstehen, versteckt. Was meint ihr, können wir ihnen helfen, ihre große Angst zu verlieren, damit sie mit uns spielen können? Ich hätte schon eine Idee, wie das gelingen könnte:

Zuerst rennen wir einmal von einem Becher zum anderen und schauen vorsichtig nach, welche Farbe die Männchen haben, die sich darunter versteckt haben und danach könnt ihr mir ja einmal erzählen, welche Farben ihr gefunden habt. Aha, rote, grüne, gelbe und blaue Steine habt ihr vorgefunden, ja, dann wollen wir zuerst einmal eine Farbe suchen. Also, ich habe hier vier Kärtchen, die die gleichen vier Farben haben wie die Spielsteine. Ich zeige euch gleich eine dieser Karten und danach lauft ihr los und hebt nacheinander möglichst viele Becher hoch.

Dabei sammelt ihr nur die Männchen in der Farbe, die ich euch gezeigt habe und bringt sie her. Aber aufgepasst, wenn schon ein Kind bei einem Becher ist, darf kein anderes Kind diesen Becher berühren. Die Männchen bekommen noch mehr Angst, als sie ohnehin schon haben, wenn ihr euch um einen Becher zankt und dann wollen sie niemals aus ihrem Versteck herauskommen.

Der erste Durchgang ist vorbei, wenn ihr alle Spielsteine in der richtigen Farbe zu mir gebracht habt. Wir schauen, wer von euch ganz viele gefunden hat und dann dürft ihr sie wieder alle in ihre Verstecke zurückbringen. Achtet darauf, dass immer nur ein Männchen unter einem Becher seht. Wenn ich euch dann ein Kärtchen mit einer anderen Farbe zeige, beginnt das Spiel wieder von vorn.

Hilfe zur Durchführung

Verteilt im Bewegungsraum werden sehr viele kleine Joghurtbecher aufgestellt, unter denen die Spielfiguren versteckt werden. Leere Verstecke sind erwünscht. Um die Spielfigur in der richtigen Farbe zu finden, müssen die Kinder viele Becher hochheben und wieder zurückstellen.

Das Spiel kann erweitert werden, indem man zwei Farben auf einmal zeigt und die Kinder sich beide Farben merken und auswählen müssen.

Ping-Pongs in der Schüssel

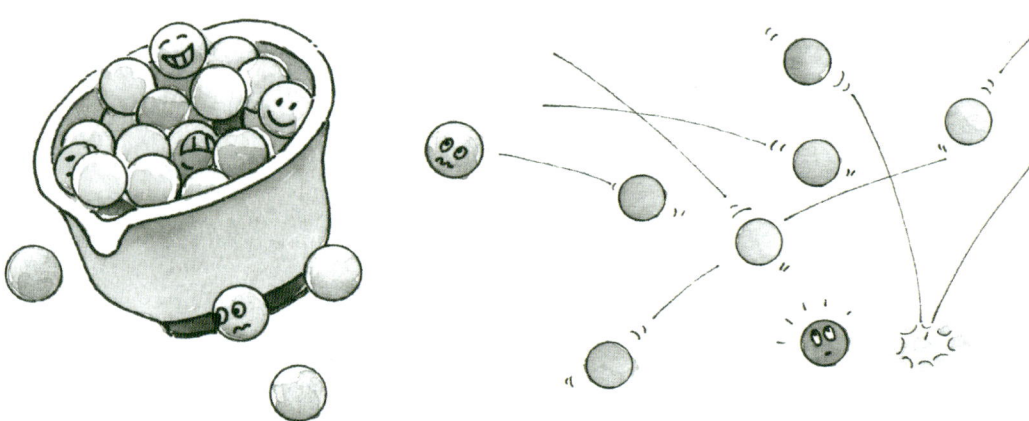

Material: Mindestens doppelt so viele Tischtennisbälle, wie Kinder mitspielen möchten.

Schaut einmal in diese Schüssel. Jede Menge kleiner Tischtennisbälle liegen darin. Sie sind nicht mehr nur weiß oder einfarbig, sondern haben alle ein Gesicht. Heute Nacht hatte nämlich ein kleiner Kobold Langeweile, er hat die bunten Filzstifte in der Schublade gefunden und immer zwei Bälle so verziert, dass sie aussehen wie Zwillinge. Es gibt zum Beispiel zwei Bälle mit einem roten Gesicht oder zwei mit blauem, es gibt Bälle mit einem lachenden Mund und solche mit Kullertränen. Ein Pärchen schielt mit seinen schwarzen Augen, ein anderes hat lustige Sommersprossen.

Leider sind auf dem Transport alle Smilies in der Schüssel durcheinandergeschüttelt worden. Nun gibt es ein großes Geschrei, weil alle ganz schnell wieder zu ihrem Zwillingsbruder wollen. Könnt ihr dabei helfen, dass sich die Pärchen wiederfinden? Logisch, aber wie kann das gehen?

Am besten wird es sein, wenn ich alle Bälle ausschütte. Dann kann sich jeder von euch Kindern einen Tischtennisball nehmen und den Bruder dazu suchen. Wo kann er sein, wo ist er hingekullert, oder hat ihn vielleicht ein anderes Kind in seiner Hand? Auf „Los" geht die Sucherei los! Aber, Achtung! Schaut genau hin, denn es gibt unterschiedliche Farben und auch verschiedene Gesichtsausdrücke. Ich bin gespannt, wer „seinen" Bruder schnell finden kann. Und wenn alle wieder in der Schüssel sind, beginnt das Spiel von vorn.

Hilfe zur Durchführung

Beispiele von Zwillingspärchen zeigen, auf minimale Unterschiede mit anderen Zwillingen hinweisen.

Hör genau hin

Material: Etwa 3-4 verschiedene Instrumente, mit denen man ein Geräusch erzeugen kann. Beispiele: Küchenwecker, Rasseldose, Triangel, Plastiktüte, Ratsche, Spieluhr o. Ä.

Habt ihr schon einmal Geräusche gesucht? Normalerweise sucht ihr ja zu Hause eure Schmusetiere oder die Schuhe, heute wollen wir aber Dinge suchen und finden, die ein Geräusch machen können, die sich selbst melden, wenn man sie sucht. Das ist praktisch, oder?

Zuerst stelle ich euch die Geräuschquellen nacheinander vor und sage euch auch, wie sie heißen. Dabei lasse ich euch hören, welches Geräusch das jeweilige „Instrument" macht. Beim ersten Mal kann man sich sicher noch nicht alles merken, deshalb spiele

ich euch alles in einer anderen Reihenfolge noch einmal vor. Damit es noch schwerer wird, drehe ich mich um, nun könnt ihr auch nichts mehr sehen und müsst euch auf euer Gehör verlassen. Alles klar, könnt ihr nun die Töne voneinander unterscheiden und zuordnen? Na, ich bin sehr gespannt!

Als Nächstes brauche ich so viele freiwillige Kinder, wie „Instrumente" vorhanden sind. Natürlich kommen nacheinander alle Kinder dran, aber zuerst einmal ein Kind für jede Geräuschquelle. Jedes „Versteckkind" geht nun mit seinem „Instrument" entweder hinter ein hier herumstehendes Gerät oder stellt sich in eine der vier Ecken dieses Raumes. Euer „Instrument" haltet ihr bitte so, dass keines von den anderen Kinder es sehen kann.

Alle übrig gebliebenen Kinder sind jetzt „Suchkinder". Wir setzen uns zusammen in einen Kreis und ich bestimme heimlich ein „Versteckkind", damit es ein Geräusch erzeugt und danach aus eurer Mitte ein „Suchkind", das uns zeigen soll, von wo dieses Geräusch kommt und uns sagt, welches „Instrument" da zu hören ist. Die im Kreis sitzenden Kinder kontrollieren ganz genau, ob das „Suchkind" auch auf der richtigen Spur ist. Ist die Aufgabe erfüllt, kommt sowohl ein weiteres „Suchkind", ein anderes Versteck und ein anderes Geräusch dran.

Wenn alle „Instrumente" einmal gefunden wurden, werden sie neu verteilt und an anderen Orten versteckt.

Hilfen zur Durchführung

Je mehr Versteckmöglichkeiten in der Turnhalle herumstehen, umso interessanter und auch schwieriger wird das Spiel. Sinnvoll ist, die Kinder für kurze Zeit herumtoben zu lassen, bevor die „Instrumente" neu verteilt werden. So wechseln Phasen hoher Konzentration mit Entspannung durch Bewegung ab.

Briefträger in Not

Material: Für jedes Kind einen stabilen Briefumschlag A 5 (neu oder gebraucht), Tischtennisbälle.

Nicht nur Herr Meyer, der treue Briefträger, der täglich unsere Post bringt, ist heute unterwegs. Beim Gang durch den Ort wimmelt es nur so von Kolleginnen und Kollegen in den blau-gelben Postuniformen. Was ist nur geschehen?

Der LKW, in dem die Briefe schon sortiert transportiert wurden, ist leider umgekippt und die gesamte Post ist durcheinandergeraten. Wahllos greifen sich die Briefträger einen Brief heraus und wollen ihn zum richtigen Empfänger bringen, aber sie haben wohl die Post, die für eine fremde Stadt bestimmt war, erwischt und sind jetzt völlig ratlos. Alle sind schrecklich aufgeregt und laufen kreuz und quer* mit ihren Briefen in den Straßen umher. Keiner von ihnen weiß, wo er den Brief, den er gerade in der Hand hält, hinbringen soll. Und so tauschen* die Kollegen untereinander immer dann, wenn sie sich begegnen, ihre Post aus, denn sie hoffen, dass irgend jemand die Adresse, die auf dem Umschlag steht, kennt. Aber es ist zum Verzweifeln, es sieht so aus, als würde kein Mensch diese Straßennamen kennen. Zu allem Unglück zieht nun auch noch eine dicke schwarze Wolke auf und es beginnt zu regnen. Nun, dumm sind unsere Briefträger nicht und weil sie keine Regenjacke anhaben, nehmen sie einfach einen Brief und schützen sich damit*. Sie rennen immer schneller* durch die Straßen, aber vor dem Regen kann man bekanntlich gar nicht weglaufen.

Als es endlich aufhört zu regnen, schauen sie sich ihre Briefumschläge an. Oh je, sie sind pitschenass geworden und auch die Adressen sind nicht mehr zu entziffern. Auch gut, denken sie sich, wenn die Briefe ohnehin nicht zu den richtigen Leuten kommen, dann können wir auch noch ein wenig mit den Umschlägen spielen. Schnell entstehen kleine Häuschen*, die sie in der ganzen Stadt verteilen*. Nun kann man herrlich darüberspringen*, im Slalom drumherumlaufen* oder durch die entstandenen Löcher schauen* und greifen, um dem Kollegen „Guten Tag" zu sagen*. Einige Briefträger versuchen, die Häuschen vorwärts zu pusten*, das schafft oft nicht einer allein, aber helfende Kollegen* sind ja genügend vorhanden.

Irgendwann findet einer der Postboten eine Schüssel mit Tischtennisbällen. „Hurra, das ist super, die können wir gut gebrauchen!", ruft einer von ihnen. Die kleinen Häuschen werden jetzt zu Toren, durch die man die Bälle hindurchrollen* kann. Herr Meyer nimmt sich ein Häuschen und zieht es wie einen Handschuh an*. Jetzt hat er

einen Tischtennisschläger und schiebt* damit die Bälle umher. Einige Kollegen folgen seinem Beispiel. Und dann spielen* sich immer zwei Briefträger einen Ball zu. Sie erfinden* mehrere Möglichkeiten, was man mit den Tischtennisbällen und den neuen Schlägern alles machen kann. Da kann man sich denken, dass sie bei all den lustigen Spielen völlig vergessen haben, dass sie die Briefe ja eigentlich zustellen müssen. Aber wenn man keine Anschrift lesen kann, weiß man ja auch nicht, wo die Post hingebracht werden soll.

Über all dem Spielen ist es so spät geworden, dass die Briefträger an den Feierabend denken müssen. Damit sie aber den Papiermüll nicht einfach herumliegen lassen, bauen sie aus den Umschlägen noch schnell eine Garage* für Tischtennisbälle und rollen* sie hinein. Nun können sie nur noch hoffen, dass sich bei ihrem Chef keine Person beschwert, weil sie einen wichtigen Brief nicht erhalten hat. Aber darüber machen sie sich heute keine Sorgen, sondern gehen fröhlich nach Hause.

Hilfe zur Durchführung

Regenschutz: Briefumschlag über den Kopf halten.

Kleine Häuschen: Briefumschläge einmal knicken, es entsteht ein offenes Dreieck, das man aufstellen kann.

Garage: Die Umschläge nebeneinanderstellen, sodass ein Rechteck oder Kreis entsteht.

Winterfreuden

Im Schnee zu spielen

Der erste Schnee ist da! Lautlos fallen die Flocken vom Himmel und bedecken Wiesen und Felder, Dächer und Straßen. Und es schneit die ganze Nacht weiter. Dadurch hat sich überall eine dicke Schneedecke gebildet. Mit lautem Freudengeheul geht es hinaus in den Schnee. Noch unberührt liegt die weiße Fläche vor uns, das muss jetzt ganz schnell geändert werden! Mit großen Fußstapfen schreiben* wir ein Muster in den Schnee. Dabei müssen wir unsere Knie sehr hochheben und jeden Fuß sorgsam aufsetzen.

Huch, da ist ein Missgeschick passiert, wir haben nicht aufgepasst und die Spur ist verwischt. Ach, das macht nichts, dann machen wir halt ganz kleine Trippelschritte* und bahnen uns so einen richtigen Weg. Ein großer Kreis entsteht. Das sieht zwar sehr schön aus, ist aber langweilig. Wir treten* einfach noch Verbindungswege* und interessante Muster* in den Schnee und schon bald ist die gesamte Fläche festgetrampelt.

„Lasst uns einen Schneemann bauen, der kann dann auf unsere Schneearena aufpassen", schlägt Axel vor. Ziemlich schnell entstehen mehr oder weniger dicke Rollen*, die zu einigen Schneemännern aufgetürmt* werden.

Jetzt werden diese Schneemänner auf unseren großen Platz aufpassen und wir können beruhigt weiter auf Entdeckungsreise gehen. Nachdem wir ein kurzes Stück gegangen* sind, entdeckt Nina eine Spur. „Da schaut doch einmal, wer mag wohl hier seine Spuren hinterlassen haben?" „Ich glaube, hier ist vorhin eine Katze herumgeschlichen", sagt Max, „ganz vorsichtig hat sie ihre vier Pfoten in den Schnee gesetzt*."

Ein kurzes Stück können wir das auch! Damit man auch erkennt, welches Tier wir gerade imitieren, begleiten wir unser Schleichen mit dem Maunzen und Fauchen* der Katze. „Schaut doch, hier ist schon wieder eine Spur. Diesmal weiß ich es genau, hier war eine dicke Amsel unterwegs. Mit kleinen Hopsern ist sie herumgehüpft und hat sicherlich etwas zum Fressen gesucht", weiß der schlaue Axel. Wenn die Erde mit Schnee bedeckt ist, finden nämlich die Vögel kein Futter und piepsen ganz jämmerlich. „Lasst uns doch mal versuchen, so wie die dicke Amsel auf dem Schnee zu hüpfen*!" Das ist leichter gesagt als getan, denn ganz schnell erkennen wir, dass wir viel schwerer sind als ein Vogel und viel tiefere Spuren hinterlassen.

„Ich will einmal einen Adler in den Schnee zaubern!", sagt Alex und schon liegen alle Kinder auf dem Rücken* und schieben* mit ihren Armen und Beinen den Schnee beiseite. Ganz vorsichtig muss man danach aufstehen*, denn sonst zerstört man den schönen Adler. Beim mehrmaligen* Ausprobieren werden die Abdrücke immer schöner und endlich sind alle mit dem Ergebnis zufrieden. Getrost können sie weiter auf Entdeckungsreise gehen.

Mühsam stapfen* sie durch den hohen Schnee und finden nun die Abdrücke der Hufe von den Pferden, die trotz des kalten Wetters hier draußen auf der Weide stehen. Und da sehen wir auch schon, wie sie fröhlich durch den Schnee

galoppieren und dabei laut wiehern. Das machen wir natürlich sofort nach*. Puh, da wird uns aber ganz schön warm, lasst uns mit großen Schritten* weitergehen, ich bin gespannt, was uns noch erwartet. Sie wandern zu dem kleinen Teich, der sich in der Nähe befindet und treffen dort auf eine dicke Ente. Sie watschelt* mit lautem Geschnatter in ihrem typischen Entengang umher und wir tun das natürlich auch! Dazu passt besonders gut der Spruch, den wir dazu aufsagen:

> *„Eine alte, dicke Ente geht nicht gerne schnell.*
> *Ja, sie möchte, . . . wenn sie könnte! (in den Sprechpausen schnaufen)*
> *doch sie war zu korpulente . . .*
> *Solche alte . . . dicke Ente, kommt nicht . . . kommt nicht . . .*
> *kommt nicht von der Stell."*

Jetzt haben wir uns aber ganz schön weit von zu Hause entfernt und es wird Zeit, dass wir umkehren. Wir gehen immer unseren Spuren nach*, treffen noch einmal die Pferde und galoppieren* mit ihnen, finden die Spuren der dicken Amsel und hüpfen* mit ausgebreiteten Armen hin und her. An den schönen Adlern gehen wir vorbei und schleichen* dann wie die Katzen in Richtung Schneearena. Ja, die Schneemänner haben gut aufgepasst. Jetzt können wir nur hoffen, dass es über Nacht nicht taut, denn dann können wir morgen wieder nach Herzenslust im Schnee herumtoben.

Hilfen zu Durchführung

Entengang: Mit gebeugten Knie vorwärts gehen.

Auf der Eisbahn

Ich habe euch ja versprochen, dass ich heute mit euch auf die Eisbahn gehe. Wie ich sehe, habe ihr alle eure Schlittschuhe dabei und das ist auch gut so, denn auch schon die Straße, die von zu Hause zur Eisbahn führt, ist heute nach einem Eisregen spiegelglatt. Also ziehen wir die Schlittschuhe gleich an. Zum Glück sind keine Autos unterwegs, denn die kommen bei der Glätte ohnehin nicht vorwärts, deshalb gehört heute die Straße uns ganz allein. Mit ein wenig Übung gelingt es bestimmt allen Kindern, zügig mit großen Schlittschuhschritten* vorwärts zu gleiten. Rechts, links, rechts, links, alle bilden eine lange Reihe* und versuchen, sehr gleichmäßig zu rutschen.

Einzelne, besonders mutige Kinder versuchen, sich mit den Schlittschuhen unter den Füßen gegenseitig zu fangen*. Andere, wie zum Beispiel Max, müssen sich mächtig anstrengen, denn sie schieben jeweils einen Freund an den Schultern vor sich her*. Puh, da kommen sie ganz schön aus der Puste! Vielleicht geht es schneller vorwärts, wenn ein Kind ein anderes zieht*?

Nach einer ganzen Weile sind die Kinder endlich auf der Eisbahn angekommen. Hier werden natürlich alle Kunststücke ausprobiert, die man kennt. Enge Kurven*, weite Kurven*, Drehungen um sich selbst*, rückwärts laufen*, Slalomfahrten* und Rutschpartien auf dem Po* sind die beliebtesten. Axel macht einen lustigen Vorschlag, er meint, man könnte doch die Schlittschuhe einmal an die Hände ziehen* oder vielleicht die Schlittschuhe von seinem Freund ausleihen und dann auf allen vieren* über die Eisbahn gleiten.

Es wundert uns nicht, dass ganz viele Ideen zusammenkommen und die Kinder eine lange Zeit auf dem Eis spielen. Schließlich wird es aber Zeit, wieder zurückzugehen. Auf dem Heimweg benutzt dann jeder seine Schlittschuhe, wie es ihm gefällt*.

Hilfe zur Durchführung

Für das Rutschen auf und mit Staubtüchern ist ein glatter Fußboden notwendig, wenn der Untergrund nicht sehr glatt ist, sollte man lieber Teppichfliesen verwenden.

IV Rückengeschichten – kindgerechte Körpermassagen

Einführung

Nicht nur für Erwachsene ist es wunderschön, bequem und entspannt, auf dem Bauch zu liegen und sich eine Geschichte vorlesen oder erzählen zu lassen. Wenn dann noch eine liebevolle Massage dazukommt, macht das einfach zufrieden und glücklich. Warum also sollen wir den Kindern in unseren Gruppen oder zu Hause diese Erlebnisse vorenthalten?

Es ist inzwischen allgemein bekannt, dass die Kinder in der heutigen Zeit viel zu vielen Reizen ausgesetzt sind, gegen die sie sich eigentlich nicht wehren können. Unaufhörlich stürmen Geräusche und Bilder auf sie ein, sei es durch Straßenlärm, Unruhe in der Kindergruppe oder der Familie, ein pausenlos dröhnendes Fernseh- oder Radiogerät, Videospiele und vieles mehr. Selbst während des Zubettgehens und Einschlafens läuft noch eine CD im Hintergrund ab. Ist es da verwunderlich, dass viele Kleinkinder schon mit Medikamenten versorgt werden, damit sie am Abend zur Ruhe kommen?

Das Fehlen von Zeiten der Ruhe führt dazu, dass isolierte Reize von den Kindern gar nicht mehr wahrgenommen werden können, dass ihre Konzentrationsfähigkeit nachlässt und sie oft grundlos aggressiv reagieren. Wenn die Kinder sich in den Bewegungsstunden oder im häuslichen Umfeld körperlich und geistig verausgabt haben, dann lassen sie sich gern auf eine Ruhephase ein, in der sie sich entspannen können.

Im folgenden Kapitel werden in kleinen Geschichten kindgerechte Rückenmassagen angeboten, die dabei helfen können, dass Kinder zur Ruhe kommen, die ihnen Gelegenheiten bieten, sich auf sich selbst zu konzentrieren und sich den einfühlsamen Händen von Freunden, Eltern oder Großeltern zu überlassen. Dabei wird eine Geschichte erzählt und durch Streicheln, Drücken, Reiben, Klopfen oder Malen auf dem Rücken der Kinder nachvollzogen.

Rückengeschichten beziehen ihren Inhalt aus dem Erfahrungs- und Erlebnisbereich der Kinder. Sie haben einfache Handlungsstrukturen und sind selbst von Kindern, die ihre Freunde „massieren", ohne besondere Vorkenntnisse umzusetzen. Sowohl die passiven Kinder als auch die Massierenden können ihrer Fantasie freien Lauf lassen, denn eine „richtige" oder „falsche" Umsetzung gibt es nicht. Genießen und geschehen lassen, was auf dem Rücken passiert, ist die Absicht einer Rückengeschichte. Dabei muss keinesfalls eine andächtige Atmosphäre herrschen, denn die Geschichten sind weder traurig noch ernst. Reaktionen auf die Berührungen auf dem Rücken sind völlig normal. Allerdings sollte generell darauf geachtet werden, dass Ruhe und Entspannung im Vordergrund stehen, man sollte also die allgemeine Stimmung immer wieder in gemäßigte Bahnen lenken.

Was beabsichtigen Rückengeschichten?

Alle Rückengeschichten haben die Förderung der sozialen Kontakte und die Verbesserung bzw. Stärkung des Gemeinschaftsgefühls als Ziel. In Kindergruppen, in denen nicht die Erwachsenen die Rolle des „Masseurs" übernehmen, sondern die Kinder paarweise miteinander agieren, erfahren sie sehr schnell am eigenen Rücken, dass Rücksichtslosigkeit und ein derber Umgang mit dem Partner unangebracht sind. Sie lernen schnell, dass mangelndes Einfühlungsvermögen beim anschließenden Rollentausch unangenehm auf sie selbst zurückkommt.

Welche äußeren Voraussetzungen sind sinnvoll?

Alle unnötigen Reize sollten ausgeschaltet werden. Wir benötigen auch keine Entspannungsmusik im Hintergrund, denn beim Vorlesen oder Erzählen der Geschichte tauchen sowohl der Vorlesende als auch die Zuhörer fantasievoll in die Geschichte ein. Durch die Modulation der Stimme beim Erzählen kann eine beruhigende, aber auch eine lebendige Atmosphäre erreicht werden.

Die Unterlagen sollten weich und warm sein, damit man sich entspannen und auf die Massage einlassen kann. Dies kann auch nur dann gelingen, wenn die Kinder vorher Gelegenheit hatten, ihren größten Bewegungsdrang auszuleben. Ist dies geschehen, so zeigen sie uns oft durch ihr Verhalten, dass eine Ruhephase angebracht ist, die man mit einer Rückengeschichte füllen kann.

Freiwilligkeit ist eine wichtige Voraussetzung für das Gelingen einer solchen ruhigen Spielphase.

Kein Kind sollte dazu gezwungen werden, sich von einem anderen Kind anfassen und massieren zu lassen. Vielleicht benötigt dieses Kind noch etwas Zeit, um sich vertrauensvoll auf diese Aktion einlassen zu können. Möchte ein Kind lieber zuschauen, so sollte es sich ruhig verhalten und nicht ausgelassen herumtoben.

Was muss der Vorlesende oder Erzählende beachten?

Der Vorlesende muss sich und den Kindern ausreichend Zeit geben, um eine fantasievolle Umsetzung des Inhalts zu ermöglichen. Pausen beim Vortragen sind immer dann nötig, wenn von den Kindern einzelne Aktionen in Körperkontakte umgesetzt werden können. Kleine Hinweise auf die Art, wie man dies tun könnte, sind immer dann angebracht, wenn die Kinder von sich aus keine Lösung finden.

Wie auch bei den Bewegungsgeschichten findet man in den Rückengeschichten Textstellen, die mit einem roten Sternchen* gekennzeichnet sind. Hier bietet sich jeweils eine neue „Aktion" auf dem Rücken an. Unter der Überschrift „Hilfen zur Durchführung" finden sich im Anhang zu jeder Geschichte Hinweise, wie diese Aktion durchgeführt werden könnte. Diese Hilfen sind als Vorschläge zu verstehen, denn selbstverständlich ist es jedem „Masseur" selbst überlassen, wie er den Teil dieser Geschichte durch entsprechende Berührungen auf dem Rücken des Partners umsetzen möchte. Aktionen, bei denen offensichtlich ist, wie diese ausgeführt werden, sind nicht extra erklärt.

Zu Beginn einer Geschichte muss der Erzählende unbedingt darauf hinweisen, dass festes Klopfen oder starker Druck direkt auf der Wirbelsäule nicht erlaubt sind. Wo sich die Wirbelsäule befindet und welche Aufgabe sie zu erfüllen hat, sollte in kindgerechter Form erklärt werden.

Für einen lebendigen Vortrag des Erzählenden ist es unabdingbar, dass er sich emotional in die kleine Geschichte hineinversetzt, also den Inhalt mit der Stimme anschaulich und unterhaltsam unterstützt.

Duschvergnügen

Was war das heute für ein herrlicher, aber auch sehr heißer Tag! Die Sonne hatte es wirklich gut gemeint. Und dieses schöne Wetter hat Axel ausgenutzt und mit seinen Freunden im nahe gelegenen Park gespielt. Ausgelassen sind sie herumgetobt und nun ist es Abend geworden. Axel kommt müde und erschöpft nach Hause.

Am Abend eines solchen ereignisreichen Tages ist es dringend nötig, dass Axel eine ausgiebige Dusche nimmt. Und darauf freut er sich riesig, denn es ist ein wohliges Vergnügen, wenn der Wasserstrahl über seinen gesamten Körper rinnt. Vom Kopf* und Hals* fließt das warme Wasser über die Arme*, den Rücken*, den Po*, dann die Beine entlang* und schließlich über Axels beide Füße*. Damit sein Körper auch wirklich sauber wird, muss mit warmem Wasser lange vorgeweicht* werden.

Durch Staub und Schweiß sind Axels Haare verklebt und deshalb müssen sie zuerst einmal mit Shampoo eingeschäumt* werden. Mit sanften Bewegungen verteilen wir die milde Seife über den ganzen Kopf* und massieren* sie dann ausgiebig ein. Mit einem leichten Wasserstrahl spülen * wir den Seifenschaum gründlich aus Axels Haaren.

Aber an Axel ist ja mehr dran als sein Kopf. Deshalb nehmen wir nun die Flasche mit dem Duschzeug und verteilen es auf seinem gesamten Körper *. Mit kreisenden Bewegungen * versuchen wir, den Rücken * und die Beine * sauber zu waschen. Auch die Schultern * brauchen eine gründliche Reinigung. Am besten wird es sein, dass wir mit einem Waschlappen * versuchen, den gröbsten Dreck abzukriegen. Leider war das relativ erfolglos, deshalb muss jetzt die weiche Bürste * benutzt werden.

Axel ist heute im Park barfuß gelaufen, dadurch hat sich unter seinen Füßen eine ziemlich dicke Dreckschicht gebildet. Was macht man nur mit so schmutzigen Füßen! Da hilft nur ein Scheuermittel und eine feste Bürste *. Ausgiebig wollen wir Axels Füße bearbeiten, die Fersen * haben es besonders nötig.

Nun ist aber der kleine Kerl sauber und mit einem starken Wasserstrahl aus der Dusche werden alle Seifenreste abgespült *. Wie kleine Nadeln prickelt * das Wasser auf seiner Haut und das findet Axel so toll, dass er davon

gar nicht genug kriegen kann. Aber jetzt ist Schluss und genügend Wasser über Axel geflossen. Als Nächstes kommt das Handtuch zum Einsatz.

Damit Axel sich nicht erkältet, wollen wir zuerst seine Haare tüchtig trocken rubbeln* und dann kommt der ganze Körper dran. An den Armen*, dem Rücken*, dem Po* und den Beinen* fühlt es sich besonders gut an, wenn sie trocken gerubbelt werden. Bei den Füßen achten wir darauf, dass die Haut zwischen den Zehen ebenfalls trocken gerieben wird*. Geschafft! Axel ist gründlich sauber geworden, schnell noch die Haare föhnen und nun kann er eingecremt werden. Mit dem Zeigefinger nehmen wir die Creme aus dem Tiegel und verzieren* Axel mit vielen lustigen Cremepunkten auf seinem Körper. Ganz sanft verteilen* wir sorgfältig die Creme und massieren* sie gründlich in die Haut ein. Schnell nehmen wir noch den Kamm und sorgen dafür, dass Axels Haare nicht mehr so widerspenstig vom Kopf abstehen*. So gefällt uns unser kleiner Freund, er ist schön sauber und sieht einfach zum Liebhaben aus.

Hilfen zur Durchführung

Die Umsetzung der Rückengeschichte ergibt sich aus dem Text.

Der Farbkasten

Draußen regnet* es in Strömen, dicke Tropfen* fallen vom Himmel und da ist es im Haus am schönsten. Und nun kannst du dich auch endlich daran machen, das Bild zu malen, das du der Mami schon so lange versprochen hast.

Als Erstes benötigst du für dein Bild ein schönes großes Stück Papier. Leg es auf den Tisch und streiche es sorgfältig nach allen Seiten glatt. Leider gibt es dort an den Rändern* einige Wellen, die musst du noch angleichen. Drück einfach fest darauf*, dann klappt es schon.

Gut so, nun schau einmal nach, ob das Papier auch ganz sauber ist. Nein, guck doch mal, da sind einige dunkle Flecken zu sehen, die du mit dem Radiergummi wegradieren* musst. Hier ist das Papier auch nicht ganz sauber* und da oben am Rand* auch nicht.

Das hast du sicher auch schon erlebt, dass dann, wenn man radiert, kleine Gummikrümel zurückbleiben und die willst du auf deinem Malpapier natürlich nicht haben. Also musst du alle Krümel sorgfältig wegwischen*. Auch der winzigste Krümel muss noch verschwinden*.

Nun kannst du endlich mit deinem Bild beginnen. Du brauchst dazu deinen Malkasten*,
in dem viele Farben in kleinen runden
Behältern* sind, einen Pinsel*
und ein kleines Gefäß* mit
Wasser. Zuerst tauchst* du
den Pinsel in das Wasser und
machst ihn nass. Aber halt!
Er darf nicht mehr tropfen, weil
sonst die Farbe zu blass wird. Streiche* vorsichtig den
Pinsel am Rand des
Wassergefäßes ab. So
ist es gut.

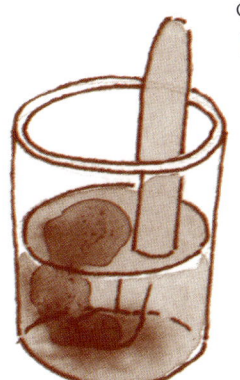

Hast du dir schon überlegt, was du malen willst? Aha, ein
großes Haus und einen dicken Baum, der in der Sonne
steht. Na gut, dann rührst* du mit dem Pinsel in dem
kleinen Farbtöpfchen mit dem dunklen Braun so lange,
bis er die Farbe gut aufgenommen hat. Nun malst* du
die Wände vom Haus, vergiss nicht, die Fenster* einzu-
bauen. Und eine Tür* braucht man auch, denn sonst kann
man nicht in das Haus hineingehen. Als Nächstes malst du das rote Dach.
Aber als Erstes musst du den Pinsel im Wassertopf auswaschen*, damit die
braune Farbe sich nicht mit dem Rot vermischt. Wenn der Pinsel sauber ist,
kannst du in dem kleinen Töpfchen mit dem Rot herumrühren* und das
Dach* auf das Haus malen.

Was fehlt nun noch am Haus? Ein Schornstein*, eine Garage* und eine
Terrasse*? Also, du musst immer wieder die alte Farbe aus dem Pinsel waschen*, bevor du eine neue Farbe auswählst.

Der dicke Baum, der neben dem Haus stehen soll, braucht einen hellbrau-
nen Stamm und eine schöne, große, grüne Blätterkrone. Auweia, da sind
doch von der grünen Farbe ein paar Kleckse* aufs Papier getropft. Aber das
macht nichts, da malen wir halt ganz viele grüne Grasflächen* um das Haus
herum, denn eine Spielwiese wäre einfach toll!

Schließlich bekommt der Baum auch noch seine Blätter* und wenn dann noch einige bunte Blümchen* im Rasen blühen, dann sieht doch alles sehr schön aus.

Zum Schluss malst du noch eine große gelbe Sonne* an den Himmel. Ihre Strahlen* reichen fast bis zum Dach deines Hauses. Und immer wenn die Sonne scheint, gibt es auch einen wunderbaren blauen Himmel*.

Eigentlich bist du mit deinem Bild jetzt fertig. An manchen Stellen kannst du noch ein wenig ausbessern* und dann kannst du es der Mami schenken. Vergiss nicht, vorher muss noch der Pinsel sauber gemacht* werden und der Deckel auf den Farbkasten gedeckt* werden.

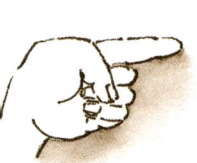

Hilfe zur Durchführung

Die Übertragung der Geschichte auf den Rücken entspricht vorwiegend dem angedachten Malvorgang.

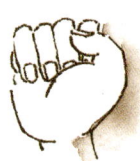

Wassergefäß:	Die Umrisse des Gefäßes mit dem Zeigefinger nachzeichnen.
Pinsel:	Einen langen Strich als Pinselstiel und viele struppige Borsten daran.
Pinsel auswaschen:	Kurze, schnelle Bewegungen mit den Fingerspitzen.
Den Deckel des Farb-kastens schließen:	Das malende Kind legt sich flach auf den Rücken des Partners.

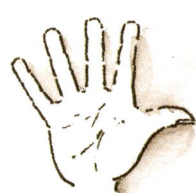

Kleine Helfer

Material: Keines

Heute ist Hausputz angesagt. Mami hat alle Hände voll zu tun, denn es wird Zeit, dass die Wohnung wieder einmal gründlich gereinigt wird. Ist es da nicht selbstverständlich, dass wir ihr dabei helfen? Na klar! Also, dann legen wir mal los:

Als Erstes ist Fensterputzen angesagt. In einem Eimer Wasser haben wir einen großen Lappen, den wir natürlich so triefnass nicht gebrauchen kön-

nen. Also wringen* wir ihn einmal fest aus. Jetzt ist der Lappen einigermaßen trocken
und wir wischen* damit
in Wellenlinien von oben
nach unten über die gesam-
te Fensterscheibe. Besonders in den Ecken sitzt der meiste Schmutz fest
und ist nur mühsam herauszuputzen*. Guckt genau hin, denn da haben
an einigen Stellen die Fliegen ihren Dreck zurückgelassen. Wenn wir längere Zeit dort reiben* und wir etwas fester aufdrücken*, wird sich bestimmt
auch dieser Schmutz lösen.

Noch einmal müssen wir den jetzt schmutzig gewordenen Lappen auswaschen*, ihn tüchtig auswringen* und dann erneut über das Fensterglas
wischen*. Nun können wir die Feuchtigkeit mit einem Flitscher von oben
nach unten abziehen*. Na, das sieht doch schon ganz gut aus, jetzt noch
mit einem trockenen Tuch die vier Seitenränder abtrocknen* und das erste
Fenster ist sauber. Wollen wir noch das zweite Fenster putzen?

Ja? Na dann beginnt die ganze Arbeit noch einmal von vorn*. Wisst ihr
noch, wie wir angefangen haben*?

Als Nächstes sind die Polstermöbel dran.
Die müssen einmal kräftig aus-
geklopft* werden. Nach und
nach nehmen wir uns die Ses-
sel und die Couch* vor und
staunen, wie viel Staub dabei
auffliegt. Einige besonders
fleckige Stellen benötigen
eine Extrabehandlung. Mit
einer Sprühflasche verteilen
wir etwas Schaumreiniger* auf
dem Stoff und bürsten* dann mit
einer weichen Bürste hin und
her. Schaut her, hier ist noch
ein riesengroßer Fleck, den wir

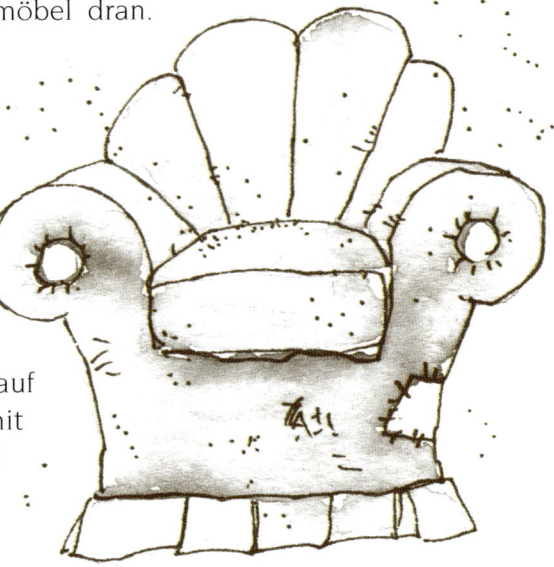

auch noch wegbürsten* müssen. Ach ja, das sieht ja schon ganz gut aus, jetzt noch schnell mit einem trockenen Tuch nachreiben* und kein Fleck ist mehr zu sehen.

Durch unsere frisch geputzten Fenster scheint die Sonne nun ungehindert ins Zimmer. Und was fällt uns auf? O Schreck! Der Staub hat sich auf alle Möbel, die im Zimmer stehen, gelegt. Das kann aber nun wirklich nicht so bleiben! Sorgfältig wischen wir über den Schrank*, über alle Regale*, den Tisch*, die Heizung* und die große Tür*.

Als Letztes kann der Fußboden drankommen. Zuerst nehmen wir den Staubsauger und reinigen den Teppich so gründlich*, dass seine Farben wieder leuchten. Über die Flächen um den Teppich herum saugen wir auch noch*, denn dann ist der gröbste Schmutz schon einmal verschwunden. Aber feucht putzen ist trotzdem noch nötig. Wir nehmen den Schrubber und säubern mit dem ausgewrungenen* Putzlappen die gesamte Fläche des Wohnzimmers bis in die äußersten Ecken. Auch die Fußleisten* kommen noch dran und dann ist unser Zimmer aber blitzeblank.

Mami ist so froh, dass wir ihr tüchtig geholfen haben, sie ist noch in der Küche beim Spülen. Ach ja, da können wir auch noch helfen. Ein sehr schmutziger Kochtopf wartet noch darauf, gespült zu werden. Da müssen wir etwas Scheuerpulver* nehmen und mit einem groben Schwamm* daran gehen, denn irgend etwas ist am Boden festgebacken. Wir reiben so lange*, bis uns die Arme wehtun und dann ist endlich alles sauber. Jetzt nur noch gründlich abspülen* und dann reiben* wir den Topf mit dem Geschirrtuch blank.

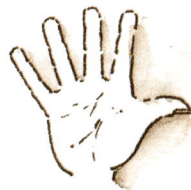

Hilfen zur Durchführung

Auswringen: Die Muskulatur an den Schultern verwringen und kneten.

Lappen auswaschen: Einen gedachten Lappen auf dem Rücken hin- und herschwenken.

Flitscher: Die Handkante von oben nach unten ziehen.

Polstermöbel klopfen: Mit der flachen Hand leicht auf den Rücken klopfen, dabei die Wirbelsäule aussparen.

Sprühflasche: Einzelne Finger senkrecht auf den Rücken drücken, damit die Stellen markieren, auf die der Schaumreiniger gesprüht wurde.

Polstermöbel bürsten: Senkrecht aufgesetzte Finger hin- und herbewegen.

Staubsauger: Die flachen Hände auf dem Rücken vor- und zurückschieben.

Mit grobem Schwamm reinigen: Mit der Faust über den Rücken rubbeln.

Abspülen: Mit gespreizten Fingern das Fließen des Wassers imitieren.

Blankreiben: Mit einem gedachten Geschirrtuch die Bewegungen des Abtrocknens imitieren.

Scheuerpulver: Mit dem Zeigefinger die benötigte Menge Scheuerpulver umkreisen.

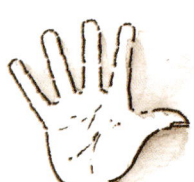   

Ein Besuch auf dem Ponyhof

Schon lange quält Nina ihre Mami damit, doch endlich wieder einmal mit ihr und ihren beiden Freundinnen zu einem Ponyhof zu fahren. Heute ist es nun endlich so weit, die Mami hat Zeit, das Wetter ist schön und die Eltern von Ninas Freundinnen haben erlaubt, dass die beiden mitfahren dürfen. Natürlich sind die Mädchen total begeistert, sie sind sehr pünktlich bei Nina angekommen und warten schon einige Zeit darauf, dass es endlich losgeht. Vor lauter Ungeduld zappeln* sie herum und treten von einem Bein auf das andere*. Endlich kommt Nina mit ihrer Mami aus dem Haus und alle rennen zusammen zum Auto*, das sie zum Ponyhof bringen soll.

Nachdem alle im Auto Platz gefunden haben* und angeschnallt* sind, fahren sie langsam los. Eine enge Straße mit vielen Kurven* führt hinaus zu ihrem Ziel. Die Kinder im Auto hopsen* während der Fahrt auf ihren Sitzen auf und ab, denn so aufgeregt waren sie lange nicht mehr. Nachdem noch eine schwierige S-Kurve durchfahren werden musste, können sie den Ponyhof schon sehen. „Alles aussteigen, wir sind angekomen", ruft Ninas Mami und die Kinder lassen sich das nicht zweimal sagen. Sie laufen*, so schnell sie können, zu den Pferdeboxen. Ninas Mami denkt sich, der Ponyhof läuft mir nicht weg, lässt sich etwas mehr Zeit und geht gemütlich* hinter den Kindern her.

Nina war schon oft hier auf dem Ponyhof, denn sie liebt Pferde über alles. Eigentlich mag sie alle Ponys, aber zwei kleine Pferdchen hat sie besonders gern, und die heißen Floh und Mika. Die beiden werden heute allerhand durchmachen müssen, denn die Mädchen haben sich vorgenommen, sie nach Herzenslust zu verwöhnen. Zuerst sind Ninas Freundinnen noch ein wenig ängstlich und trauen sich nicht nahe an die Ponys heran. Aber dann zeigt ihnen Nina, was man tun muss, wenn man sich mit einem Pferdchen anfreunden will. Dann klopft man es nämlich liebevoll am Hals*, aber auch am Rücken* und am Popo*, so merken die Tiere, dass man es gut mit ihnen meint und freuen sich über die Liebkosungen sehr.

Anscheinend haben sie gerade einen lange Ausritt hinter sich, denn sie sind nass geschwitzt. Um sie trocken zu reiben, nimmt man eine Handvoll Stroh und reibt den Rücken in großen* und kleinen* Kreise trocken. Immer mehr finden die kleinen Mädels Zutrauen zu den Pferdchen und nun können sie das volle Verwöhnprogramm starten: Zuerst nehmen sie eine Wurzelbürste und striegeln* das gesamte Tier von oben bis unten. Mit langen Strichen* führen sie die Bürste immer wieder über das Fell von Floh und Mika und entfernen dabei den Staub, der sich darin festgesetzt hat. Dabei arbeiten sie nicht nur in der Fellrichtung, sondern auch gegen sie. Das ist eine anstrengende Arbeit, aber damit werden die drei gut fertig. Zum Glück ist der grobe Schmutz jetzt entfernt und die Rückenmassage kann beginnen. Mit einer etwas weicheren Bürste massieren sie den Ponyrücken, indem sie ganz viele kleine Kreise* ausführen.

Was haben sie noch vergessen? Natürlich muss die Mähne noch gekämmt werden und das ist gar nicht so einfach. Viele Haare haben sich ineinander verhakt und müssen entwirrt* werden. Ein grober Kamm* hilft dabei, dass die Mähne wieder schön glatt und ordentlich nach beiden Seiten des Pferdehalses herabfällt. Oben herum ist nun an den Ponys alles in bester Ordnung, aber die Beine haben auch noch eine Behandlung nötig, denn da hängt allerhand Schmutz dran. Noch einmal nehmen die Kinder die grobe Bürste und striegeln* sie immer schön von oben nach unten. An manchen Stellen sitzt der Dreck schon hartnäckig fest, da müssen sie auch mal ein wenig fester kratzen*, reiben* und scheuern*.

Auch die Hufeisen unter den Füßen sind völlig verdreckt. Da muss jetzt ein Auskratzer her, der das schmutzige Stroh und die Erde aus den Hufen herausholt*. Damit die Füße schöner aussehen, werden die Hufe noch mit einer schwarzen Paste eingefärbt*. Nach ausführlichem Bürsten* glänzen sie dann wunderbar. Zufrieden schauen sich die Kinder das Ergebnis ihrer Arbeit an und dabei stellen sie fest, dass ihre Ponys leider an manchen Stellen ihres Körpers wunde Stellen hat. Sehr liebevoll und sorgfältig bestreichen* sie diese Scheuerstellen mit Pferdesalbe und massieren* die Salbe ein. So, ihr lieben Ponys Floh und Mika, nun seid ihr fertig und es kann ausgeritten werden.

Nacheinander dürfen alle drei Mädchen
eine große Runde auf den Ponys reiten,
zuerst im Schritt*, dann im Trab* und
schließlich auch im Galopp*. Das sieht
lustig aus, denn bei jedem Schritt des
Pferdchens hüpfen* die Kinder im Sattel
ein klein wenig hoch.

Schade, jeder Besuch geht einmal zu Ende, mit
einem liebevollen Klaps* auf den Po verabschie-
den sich die Kinder von den Ponys und dann
fahren* sie glücklich und zufrieden mit dem
Auto wieder nach Hause.

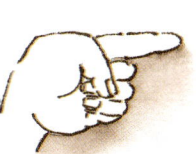

Hilfen zur Durchführung

Platz finden: Mit dem Druck einer zur Faust ge-ballten Hand die Sitzanordnung andeuten.

Anschnallen: Mit Daumen und Zeigefinger eine Linie schräg über den Rücken ziehen.

Auf dem Sitz hopsen: Mit beiden Fäusten abwechselnd leicht auf den Rücken klopfen.

Striegeln: Die Fingerspitzen mit festem Druck über den gesamten Körper ziehen.

Grober Kamm: Zu Krallen gebogene Finger.

Auf dem Sattel hopsen: Abwechselnd mit beiden Handbal-len im Rhythmus auf den Rücken drücken.

Die neue Straße

Nun stellt euch das einmal vor! Da gibt es zwei Orte, nämlich Unterlingen und Oberdorf, die liegen ganz dicht beieinander. Eigentlich kann man von einem Dorf zum anderen schauen und sich zuwinken. Und trotzdem gibt es keine Straße, die diese beiden Orte direkt miteinander verbindet. Man muss jedes Mal einen großen Umweg machen, wenn man einen Freund, die Oma oder den Onkel in dem anderen Ort besuchen will.

Vor einiger Zeit haben sich nun die Leute aus den beiden Dörfern beim Bürgermeister beschwert und haben ganz deutlich gesagt, dass sie nun endlich einen Verbindungsweg haben möchten. Und man hatte für ihren Wunsch großes Verständnis.

Eines Tages ist es dann so weit: Es kommen Männer mit langen Messlatten und legen genau fest, wo der neue Weg verlaufen soll*. Die Ränder werden mit einem dicken Farbstrich gekennzeichnet*. Manchmal steht noch ein kleiner Busch oder eine dicke Pflanze im Weg, die wird einfach mit einem scharfen Messer abgeschnitten*. Nun ist eigentlich alles vorbereitet und der Weg ist frei für den Bagger. Mit der großen Schaufel schiebt er mit seiner ganzen Kraft* den weichen Boden aus der Fahrbahn und legt ihn an den Seiten ab. Es ist nicht ganz leicht, diesen Mutterboden gleichmäßig wegzuschieben, deshalb muss an einigen Stellen nachgearbeitet* werden.

Wie geht es dann weiter? Damit der Untergrund des neuen Weges ausreichend fest ist, sollen nun viele kleine Steine, man nennt sie *Schotter*, abgeladen werden. Der große Lastwagen kommt* auch schon herbei. Die Ladefläche hebt sich und mit lautem Getöse rutschen die Steine auf den neuen Weg und kullern* durcheinander. Leer fährt der Lastwagen nun wie-

der weg* und erneut kommt der Bagger zum Einsatz*. Er muss immer wieder hin- und herfahren* und mit der großen Schaufel den Schotter auf der gesamten Fläche des Weges verteilen*. Diese Steinschicht muss überall gleichmäßig dick und fest zusammengepresst liegen, denn nun kommt die schwere Walze*, die die gesamte Oberfläche schön glatt machen soll. Langsam bewegt sich das schwere Gerät über die neue Wegstrecke* und jetzt ist auch schon zu erahnen, wie das Ganze einmal aussehen wird. Aber noch ist der Untergrund für die neue Straße nicht fertig. Eine zweite Schicht mit kleineren Steinen, diese werden *Split* genannt, soll nun noch obendrauf verteilt* werden. Ach ja, da kommt ja auch schon wieder unser Lastwagen und kippt eine Ladung ab*, die sich zu einem hohen Berg auftürmt.

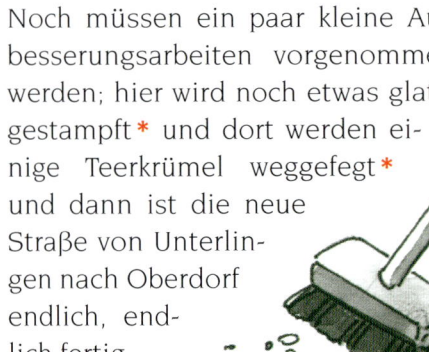

Jetzt kommen ein paar Männer in ihren schweren Arbeitsstiefeln herbei*, sie verteilen diesen Split mit den mitgebrachten Rechen* sorgfältig auf der Baustelle. Alles ist jetzt für die letzten Arbeiten vorbereitet. Noch einmal fährt die schwere Dampfwalze* über die vorbereitete Straße, an den Rändern kommt eine Rüttelplatte* zum Einsatz, die letzte Feinarbeiten erledigt. Und was fehlt jetzt noch? Natürlich der Teerbelag! Er ist heiß, fast flüssig und fließt* aus einer breiten Maschine gleichmäßig auf die oberste Steinschicht. Noch bevor er abgekühlt ist, wird er ein paar Mal gewalzt*, damit die Straße hinterher schön glatt ist. Immer wieder rollt die Straßenwalze hin* und her*, vorwärts* und rückwärts*. Damit nichts an der großen Walze festklebt, kommt aus einem Gefäß jede Menge Wasser und verteilt sich* auf dem schwarzen Belag.

Noch müssen ein paar kleine Ausbesserungsarbeiten vorgenommen werden; hier wird noch etwas glatt gestampft* und dort werden einige Teerkrümel weggefegt* und dann ist die neue Straße von Unterlingen nach Oberdorf endlich, endlich fertig.

Die Einweihung wird zu einem großen Fest, denn die Bewohner von Unterlingen und Oberdorf laufen* und hüpfen* fröhlich auf dem neuen Verbindungsweg hin und her, sie tanzen* und feiern bis in den späten Abend und werden sich von nun an ganz bestimmt oft besuchen.

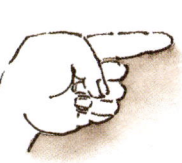 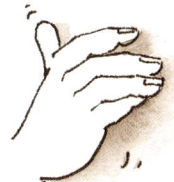  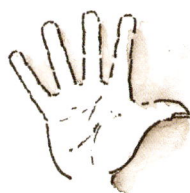

Hilfen zu Durchführung

Messlatten anlegen: Die flache Hand von oben nach unten wegziehen.

Farbmarkierung: Mit dem Zeigefinger eine Linie an den Seiten ziehen.

Büsche abschneiden: Die flache Hand an den beiden Seiten dicht über dem Rücken wegstreichen.

Baggerschaufel: Beide Hände zu einer Schaufel zusammenlegen und vorwärts bzw. zur Seite schieben.

Lastwagen: Eine flache Hand, vom Bein ausgehend, über den Rücken fahren lassen und dabei fest aufdrücken.

Steine kullern: Die Finger auf dem Rücken in verschiedene Richtungen zappeln lassen.

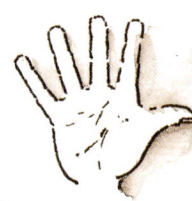

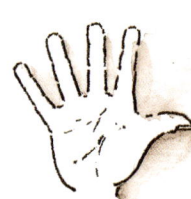

Schwere Walze:	Die geballte Faust auf dem Rücken mehrmals abrollen.
Männer mit Arbeitsstiefeln:	Abwechselnd eine Hand nach der anderen flach auf den Rücken drücken, sich dabei vorwärts bewegen.
Mit dem Rechen verteilen:	Die Fingerspitzen der gekrümmten Finger nach allen Seiten über den Rücken ziehen.
Rüttelplatte:	Sehr schnelles Klopfen mit den flachen Händen an den Seiten des Rückens.
Flüssiger Teer:	Die gespreizten Finger über den Rücken ziehen.
Krümel fegen:	Mit flüchtigen Bewegungen die Hände von der Mitte zur Seite schieben.
Feiern und Tanzen:	Fröhlich mit den aufgestellten Fingern beider Hände auf dem Rücken herumhüpfen.

Indianer auf dem Schleichpfad

Im wilden Westen leben in der Prärie noch einige Indianerstämme. Sie sind die Ureinwohner Amerikas. Die weißen Männer haben in der vergangenen Zeit schon so viele ihrer Brüder vertrieben, deshalb müssen sie immer auf der Hut sein, ihr Land verteidigen und jeden Feind in die Flucht schlagen.

Heute ist einer der Apachen, er heißt Ohiteka, unterwegs in seinem großen Jagdrevier*. Mit seinen Adleraugen sucht er das weite Land nach Tieren ab, die er vielleicht als Jagdbeute mit zu seinem Stamm bringen kann. Am Horizont sieht er ein wildes Pferd, das ausgelassen herumspringt*, manchmal geht es im Schritt*, dann wechselt es in den lockeren Trab* und schließlich fliegt es in schnellem Galopp* über die Prärie. Viel zu gern hätte er dieses Pferd mit einem Lasso eingefangen*, aber es ist viel zu weit entfernt.

Da hoppelt* ein kleiner Hase vorbei, er schlägt seine Haken*, duckt sich ganz dicht an den Boden* und als er Ohiteka bemerkt, flieht* er in schnellem Tempo in das nächste Erdloch. Der Vogel, der hoch am Himmel über seinem Kopf fliegt*, ist leider viel zu schnell und rettet sich auf den nächsten Baum. Es sieht beinahe so aus, als hätte unser Apache heute kein Glück, denn die Schlange, die in seiner Nähe herumkriecht, ist giftig, die will er nicht fangen. Aber, Achtung! Plötzlich hört er ein verdächtiges Geräusch. Ohiteka ist sehr beunruhigt, denn er kann leider nicht einordnen, woher dieses Geräusch kommt. Er denkt sich, es ist wohl am besten, wenn ich zu meinem Stamm zurücklaufe*. In einem wahnsinnigen Tempo rennt er zurück, aber lange kann er die enorme Geschwindigkeit nicht durchhalten, er wird langsamer und langsamer und kommt zum Schluss so müde und ausgepumpt, wie er ist, nur noch auf allen vieren vorwärts. Schließlich ist er froh, dass er den langen Rückweg überhaupt noch geschafft hat.

Alle Indianer seines Stammes merken gleich, dass etwas nicht stimmt und strömen von allen Seiten herbei. Sie wuseln voller Aufregung wild durcheinander*, sie treten immer wieder nervös von einem Bein auf das andere* und fuchteln* mit ihren Armen wild um sich. „Was ist denn passiert?", rufen sie, „erzähl doch ganz schnell, warum bist du so schnell gerannt?" Alle Indianer setzen sich im Schneidersitz auf den Boden und dann berichtet Ohiteka von seinem Erlebnis. Sehr besorgt legen alle Rothäute ihre Hände an den Kopf*, schließen die Augen und überlegten, was sie nun tun können.

Der kleinste Indianer hat eine gute Idee: „Wir schicken einen Spähtrupp aus, der herausfinden soll, ob da eine Gefahr für uns besteht." Diesen Vorschlag finden alle gut und sofort macht sich auch schon eine kleine Gruppe* auf den Weg. Ganz behutsam schleichen* sie durch den Busch, setzen ihre Füße sehr vorsichtig auf den Boden, um nicht das geringste Geräusch zu machen.

Ein Indianer legt sein Ohr auf den Boden*, denn so kann er das kleinste Geräusch in weiter Entfernung gut hören. „Ich vernehme Schritte von einem schweren Menschen. Er ist etwa einen Kilometer von hier entfernt. Wir müssen uns jetzt näher heranpirschen, damit wir erfahren können, was er tut." Wieder macht sich der Spähtrupp auf den Weg, Schritt für Schritt bewegen sie sich vorwärts*, als plötzlich eine große Schlange* vor ihnen auftaucht und so laut zischt, dass sie alle vor Angst zu zittern* beginnen. Zum Glück ist sie nicht an ihnen interessiert, sie verzieht sich* gemächlich ins nahe Gebüsch.

Langsam erholen sich die Indianer von dem Schreck, den ihnen die Schlange eingejagt hat und sie kriechen nun auf dem Bauch vorwärts*. Immer wieder heben sie ihren Kopf hoch, um nach dem geheimnisvollen Mann zu sehen. Sie robben* immer wieder noch ein Stück vorwärts, halten* nach dem Mann Ausschau und robben* dann weiter. Doch wo ist er hin? Er ist wie vom Erdboden verschluckt und so sehr die Indianer auch suchen, sie können ihn nicht mehr finden.

Na, dann ist ja alles gut. Wenn kein Feind mehr da ist, brauchen wir uns auch nicht mehr zu fürchten. Beruhigt läuft* die kleine Schar der Indianer zurück zu ihrem Lager. Sofort nach ihrer Rückkehr versammeln sich alle übrigen Mitglieder des Stammes in einem großen Kreis*, sie setzen* sich bequem auf den Boden und lassen sich von den Rückkehrern berichten, was diese erlebt haben. Alle sind sehr erleichtert, dass eigentlich gar keine Gefahr bestand und vor Freude tanzen* sie ihren Tanz, den sie immer dann tanzen, wenn es ihnen gut geht.

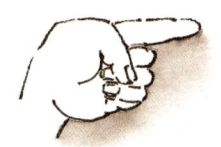  

Hilfen zur Durchführung

Großes Jagdrevier: Mit der flachen Hand über den Rücken streichen.

Wildes Pferd: Pferdegetrappel mit den zur Faust geballten Händen.

Schritt: Mit den flachen Händen über den Rücken gehen.

Trab: Mit aufgestellten Fingern auf den Rücken tippen.

Galopp: In schnellem Tempo mit der Faust auf den Rücken klopfen.

Lasso schwingen: Kreise auf den Rücken malen.

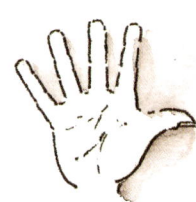   

   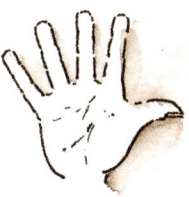

Durcheinanderwuseln: Hände in wilden Bewegungen über den Rücken schieben.

Von einem Fuß auf den anderen: Abwechselnd die Hände auf den Rücken legen und wieder anheben.

Schleichen wie Späher: Sehr langsam und vorsichtig die Hände auf den Rücken legen.

Schlange verzieht sich: Seitlich am Körper herunterfahren.

Indianertanz: Die Fäuste auf dem gesamten Rücken in rhythmischer Abfolge aufdrücken und wieder lösen.

Der große Sandkasten

Auf dem neuen Spielplatz, den die Gemeinde für die Kinder anlegen will, soll unter anderem auch ein Sandkasten gebaut werden. Es ist genügend Platz vorhanden und so kann der Sandkasten auch sehr, sehr groß werden. Die Bauarbeiter messen mit einem Bandmaß aus*, wie lang die Seiten sein können, nämlich 4 m lang und 4 m breit. Wenn alle vier Ecken markiert* sind, werden kleine Holzpflöcke eingesteckt und mit einem Hammer fest in die Erde geklopft*. Diese Eckpunkte werden dann durch lange Bretter miteinander verbunden*, die Bauarbeiter bringen die Sitzbretter an und schon ist die Umrandung für den Sandkasten fertig. Aber was wollen wir mit einem Sandkasten ohne Sand?

Pst! Seid bitte einmal still. Könnt ihr es auch hören? Da kommt mit lautem Motorengeknatter ein großer Lastwagen angefahren*, der eine Menge Sand geladen hat. Ganz bestimmt will er zu unserem neuen Spielplatz. Und tatsächlich, da biegt* er auch schon ab, fährt ein Stück rückwärts* und hält ganz nahe bei der Holzumrandung an. Der Motor wird abgestellt und die

Kippvorrichtung eingeschaltet. Nach und nach rutscht* der Sand von der Ladefläche des LKWs und türmt sich in der Mitte der Kiste zu einem steilen, hohen Berg auf*. Im Nu ist die Ladefläche leer und der Lastwagen kann wieder wegfahren*.

Natürlich muss nun der Sand erst einmal verteilt werden. Mit großen Schaufeln schieben* wir ihn bis in die äußersten Ecken der Umrandung. Schön glatt und gleichmäßig* soll die Oberfläche sein, damit man auch wirklich sieht, dass der Sandkasten ganz neu ist. Vor lauter Freude patschen* die Kinder, die die Anlieferung beobachtet haben, mit ihren flachen Händen*

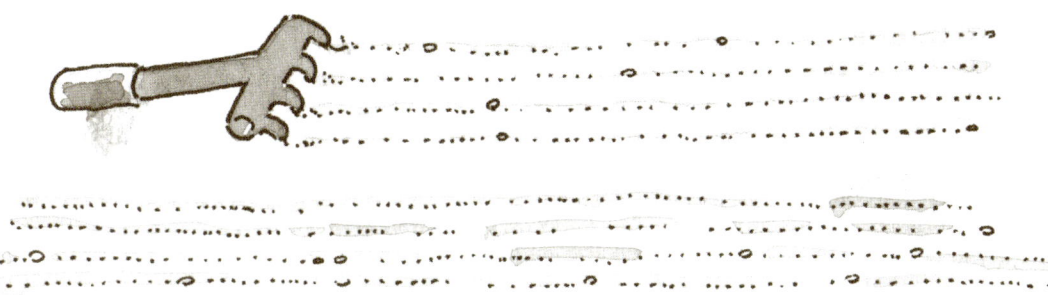

oder mit den Fäusten* auf den Sand, so lange, bis er ganz festgeklopft ist. Die Kinder im Dorf freuen sich sehr über den neuen Spielplatz und ein Kind, das schon schreiben kann, malt mit einem Finger ganz groß das Wort DANKE* auf die glatte Fläche. Aber schon bald ist dieses DANKE nicht mehr zu erkennen, denn ein leichter Wind weht die Buchstaben mit Sand wieder zu*.

Leider haben die Kinder heute noch kleine Förmchen und Schäufelchen dabei, also müssen sie mit ihren bloßen Händen spielen. Sie malen wunderschöne Muster, kleine* und große* Kreise in den Sand, zeichnen Schlangen-* und Zickzacklinien*. Zwischendurch streichen* und klopfen* sie die Sandfläche immer wieder glatt. Doch gerade, als wieder einmal alles schön eben und gleichmäßig verteilt ist, kommt ein kleiner, frecher Spatz angeflogen und landet* im Sand. Er hüpft* vergnügt hin und her und scharrt* an vielen Stellen den Sand zur Seite. Seine Füßchen hinterlassen ein lustiges Muster auf der Fläche. Aber das macht ja gar nichts, dann machen die Kin-

der halt alles wieder glatt* und fangen etwas Neues an. Ein kleines Mädchen malt* ein Mondgesicht und spricht* dabei den bekannten Vers:

„Punkt Punkt Komma Strich, fertig ist das Mondgesicht.“

Noch viel lustiger sieht das Gesicht aus, wenn es auch noch Ohren* und vom Kopf steil nach oben abstehende Haare* bekommt.

Irgend jemand hat die Idee, eine Autostraße zu bauen und alle finden diesen Vorschlag gut, denn er wird sofort in die Tat umgesetzt: Die Kinder schieben* den Sand mit ihren Händen zur Seite und bauen ihre Straße,

indem sie die freigeschobenen Flächen mit den Fäusten festklopfen*. Dann können sie mit ihren kleinen Autos herumrasen*. In langen Geraden* und steilen Kurven* düsen sie umher, über große Straßenkreuzungen und in Straßen, die keinen Ausgang haben. Hier müssen die Autos wieder rückwärts aus der Sackgasse herausfahren*. Und Vorsicht! Alle Autofahrer müs-

sen gut aufpassen, damit keine Unfälle passieren, besonders weil es gerade geregnet hat und die Straße gefährlich glatt geworden ist. Die Autos kommen immer wieder ins Rutschen*. Doch hier hilft es, wenn wir ein wenig Sand auf die glatten Stellen rieseln lassen*, dann kann es wieder zügig weitergehen.

Noch lange spielen die Kinder in ihrem neuen Sandkasten, aber bevor sie ihn für heute verlassen, stapfen* sie noch einmal mit festen Schritten kreuz und quer durch den herrlichen Sand.

Und eins ist ganz sicher: Morgen kommen sie alle mit ihren Sandspielsachen wieder her.

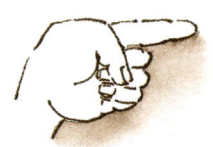  

Hilfen zur Durchführung

Bandmaß: Mit weit auseinandergespreizten Daumen und Zeigefinger messen.

Ecken markieren: Starker Druck mit dem Zeigefinger an vier Stellen des Rückens.

Hammer klopft: Mit der aufgestellten Faust auf den Rücken klopfen.

Lange Bretter: Daumen und Zeigefinger zeigen die Breite der Bretter an und werden an den Seiten, an den Schultern und über den Po gezogen.

Lastwagen: Mit der flachen Hand – von einem Bein ausgehend – mit Druck über den Rücken fahren.

Sand rutscht: Flache Hände auf dem Rücken auflegen, Druck nach und nach verstärken.

Große Schaufeln: Die Hände zu Schaufeln formen und über den Rücken schieben.

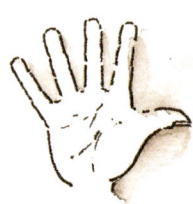   

   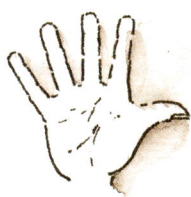

Glatt und gleichmäßig: Von der Mitte des Rückens mit beiden flachen Händen immer wieder nach allen Seiten wegstreichen.

Sand rieselt: Sehr leichtes Berühren mit den Fingerspitzen überall auf dem Rücken.

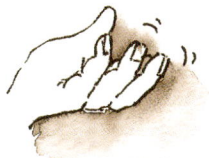

Vogel hüpft: Alle Finger aufstellen und auf dem Rücken herumhüpfen lassen.

Vogel scharrt: Mit den Zeigefingern an verschiedenen Stellen leicht kratzen.

Autos rasen: Die geballten Fäuste in Kurven über den Rücken schieben.

Anmerkung: Festklopfen mit der flachen Hand oder mit den Fäusten niemals auf der Wirbelsäule ausführen, sondern rechts und links daneben.

Es ist Winter

Es ist Winter geworden. Die ganze Nacht über hat es tüchtig geschneit und alle Straßen und Wiesen sind mit einer dicken Schneedecke bedeckt*. Natürlich müssen wir hinaus in den Schnee und nach Herzenslust herumtollen*. Aber puh, wie ist es draußen kalt! Da bleibt einem ja die Luft weg! Vielleicht hätten wir doch noch die dicke Jacke anziehen sollen, aber wenn wir unsere Arme und Beine kräftig reiben*, werden wir bestimmt warm.

Leichte Schneeflocken fallen* noch immer vom Himmel und legen* sich ganz leicht auf die Landschaft. Schon sieht die ganze Umgebung weiß aus und trotzdem schneit es immer weiter*. Der Schneefall wird immer dichter und der Schnee ist deutlich* als Gewicht auf unserem Rücken zu spüren. Er wird zu einer schweren Last, die überall dort, wo sie liegen bleibt, gehörig auf die Unterlage drückt*. Aber allmählich wird die kalte, weiße Schneedecke unangenehm, deshalb nehmen wir den Besen und fegen den Schnee weg*. Stück für Stück räumen wir die gesamte Fläche im Eingangsbereich zu unserem Haus frei*. Aber es schneit und schneit* und will kein Ende nehmen! Da hilft nun auch kein Besen mehr, nun muss

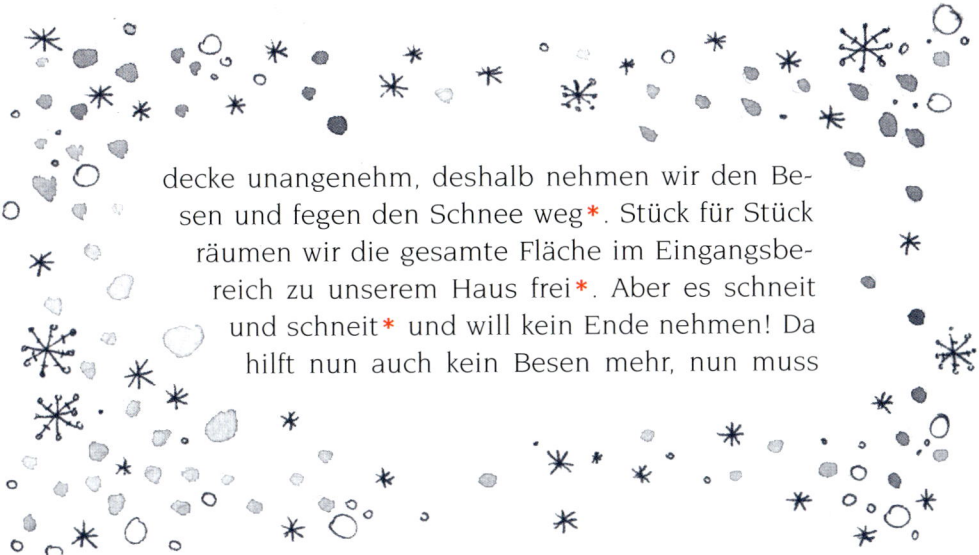

der Schneeschieber* her. Man glaubt ja gar nicht, wie schwer so eine Menge Schnee sein kann! Es strengt mächtig an, das weiße Zeug nach rechts* und links* zur Seite zu schieben.

Zu allem Unglück fegt nun auch noch ein starker Wind* über das Land und bläst die weiße Pracht zu großen Schneeverwehungen zusammen! Dabei schweben tausende kleiner Schneekristalle durch die Luft und landen ganz sacht* auf dem Boden.

O, da kommt der Postbote und will uns einige Briefe bringen. Damit nicht nur er, sondern auch alle Leute, die uns heute sonst noch besuchen wollen, nicht durch den hohen Schnee stapfen*

müssen, schieben wir einen breiten Gehweg frei∗.Beim Versuch, über diesen Weg zu gehen, merken wir, dass der Weg noch sehr glatt ist, denn man
rutscht beim Gehen immer wieder weg∗, also muss nun auch noch Salz
oder Split gestreut∗ werden.

Jetzt haben wir aber wirklich keine Lust mehr, zu arbeiten, sondern wollen
viel lieber über die große Wiese stapfen∗, auf der inzwischen viele Tiere ihre
Spuren hinterlassen haben. Lasst uns einmal schauen, wer hier schon gewesen ist: Ein Häschen hat hier seine Haken geschlagen∗. Es war bestimmt
auf der Suche nach etwas Futter. Und deshalb wird wohl auch die kleine
Maus umhergehuscht∗ sein. Nun schaut doch einmal, hier sieht es so aus,
als sei die kleine schwarz-weiße Katze von unserem Nachbarn hinter der
Maus hergeschlichen∗.

Überall auf der Wiese finden wir Spuren. Es haben sich besonders viele Vö-
gelchen∗ auf der weißen Schneedecke niedergelassen, denn man kann ganz
deutlich die Abdrücke ihrer kleinen Füße mit den spitzen Krallen sehen. Die
Vögel wiegen ja nicht viel und trotzdem können wir erkennen, dass sie eine
weite Strecke vorwärts gehüpft∗ sind.

Schaut einmal her! Hier ist aber eine besonders breite Spur! Hat die auch
ein Tier hinterlassen? Nein, es sieht so aus, als wäre ein Mensch mit Skiern∗
über die Wiese gelaufen. Tief haben sich die langen Bretter in den Schnee

eingedrückt∗, und die Abdrücke von den Skistöcken∗ kann man auch erkennen. Eine ganze Zeit ist der Skiläufer geradeaus gefahren, aber hier, wo die Wiese ein wenig bergab geht, da ist er doch wahrhaftig Slalom gefahren∗! Und gleich neben der Slalomspur ist er dann mit weiten Grätschschritten∗ wieder bergauf gestiefelt.

Noch lange stapfen∗ wir auf der großen Wiese umher, machen dann große Rollen∗ und setzen sie zu einem Schneemann zusammen. Aber irgendwann sind wir so durchgefroren, dass wir schnell nach Hause rennen∗ und uns im warmen Zimmer aufwärmen.

Am anderen Morgen gucken wir aus dem Fenster und sehen, dass es über Nacht getaut hat. In breiten Strömen fließt∗ das Schmelzwasser zu Tal und wir können froh sein, dass wir gestern so lange im Schnee herumgetollt sind.

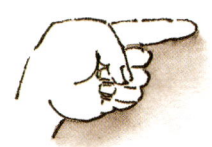  

Hilfen zur Durchführung

Schneedecke: Die flachen Hände mit leichtem Gewicht auf den Rücken legen.

Reiben: Auf dem Rücken mit den flachen Händen schnell hin- und herreiben.

Besen: Mit weit abgespreizten, aber zu Krallen aufgebogenen Fingern den Schnee zur Seite fegen.

Schneeschieber: Die Hände zu einer Schaufel formen und über den Rücken schieben.

Herumtollen: Unkoordinierte Berührungen mit den Fingern beider Hände.

Schneeflocken fallen: Leicht mit den Fingerkuppen auf den Rücken tupfen.

Starker Wind weht: Mit den Fingern beider Hände in Wellenlinien über den Rücken fahren.

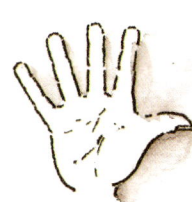   

   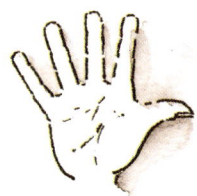

Stapfen:	Fäuste abwechselnd auf den Rücken drücken, dabei vorwärts kommen.
Wegrutschen:	Hände von der Mitte des Rückens nach außen wegziehen.
Salz streuen:	Minimale Berührungen an vielen Stellen.
Haken schlagen:	Zickzacklinien aufmalen.
Maus huscht:	Leichte, schnelle Striche mit dem Zeigefinger.
Skilaufen:	Die flachen Hände abwechselnd über den Rücken schieben.
Rollen aus Schnee:	Vom Handballen über die geballte Faust abrollen.
Schmelzwasser:	Zwei Fingerspitzen jeder Hand von oben nach unten ziehen.

Wir backen für Weihnachten

Was ist das für ein wunderbarer Duft in unserer Wohnung! Es riecht nach Zimt und Lebkuchengewürz! Und woran erinnert uns dieser Duft? Natürlich an Weihnachten! Wie immer dauert es viel zu lange, bis das Christkind endlich kommt, aber vielleicht vergeht die Wartezeit etwas schneller, wenn wir beim Plätzchenbacken helfen, denn von Plätzchen kann es ja nie genug geben und außerdem schmecken sie vor Weihnachten am allerbesten.

Lasst uns zuerst einmal die Backbleche anschauen, denn die müssen wirklich vollkommen sauber sein, sonst bleiben die Plätzchen daran kleben. Eigentlich sehen sie ziemlich perfekt aus, aber zur Sicherheit

waschen wir noch einmal nach. Aus dem Hahn läuft viel Wasser* über das Blech, es sucht sich immer wieder einen neuen Weg*, rinnt erst ein Stückchen geradeaus und dann mit vielen Kurven* von oben nach unten. Ein wenig Spülmittel kann nicht schaden, aber bitte nur einige Tropfen auf dem Blech verteilen*, sonst schäumt es zu stark! Mit einem weichen Schwamm verteilen wir das Spülmittel in alle Ecken* des Backblechs und rubbeln an einigen Stellen, wo noch ein paar Reste vom letzten Kuchen zu sehen sind, etwas fester*. Jetzt ist es aber gut! Das Backblech ist so sauber, dass der Schwamm nur so über das Blech rutscht* und wir mit ihm sogar Achterbahn fahren* können. Ein letztes Mal spülen wir mit Wasser nach*, damit alle Seifenreste entfernt sind und die Plätzchen nicht nach Seife schmecken. Mit einem Geschirrtuch trocknen wir das Blech bis in die äußerste Ecke ab*. Festes Rubbeln kann dabei nicht schaden, denn Wassertropfen und Plätzchenteig, die vertragen sich wirklich nicht gut.

Bevor wir uns mit dem Teig beschäftigen, wollen wir das Backblech noch etwas mit Öl einpinseln* und anschließend mit einem Bogen Backpapier belegen*. Weil das Öl auf dem Untergrund ist, können wir das Papier schön glatt streichen*, es kann nun nicht mehr verrutschen.

Ich schlage vor, dass wir heute Butterplätzchen backen, denn das Ausstechen ist ja immer das Schönste am Backen. Nun, das ist euch ja wohl völlig klar: Ohne Teig kann man keine Plätzchen ausstechen. Deshalb müssen wir zuerst einmal den Teig zubereiten und kneten. Wir nehmen uns ein Backbrett, häufen* das Mehl zu einem Hügel auf, verteilen unter das Mehl etwas Backpulver und machen dann in der Mitte eine tiefe Kuhle*. Da hinein lassen wir den Zucker rieseln*, auch etwas Vanillezucker wollen wir nicht vergessen. Danach geben wir kleine Butterstückchen* hinzu. Alle diese Zutaten müssen ganz schnell miteinander vermischt* und dann tüchtig verknetet* werden. Je mehr man knetet, umso leichter lässt sich nachher der Teig ausrollen. Endlich haben wir alles zu einem schönen runden Klumpen verarbeitet*. Zum Schluss rollen* wir diese Kugel noch einmal über das ganze Backbrett, damit auch die letzten Mehlkrümel aufgenommen werden können.

Puh, das war ganz schön anstrengend, aber ich denke, das Schlimmste haben wir geschafft. Als Nächstes muss nun der Teig ausgerollt werden. Damit er am Brett nicht anklebt, streuen wir ganz fein etwas Mehl auf* und verteilen es gleichmäßig auf der Fläche. Zum Ausrollen benutzen wir ein Nudelholz und rollen* es auf dem Teig immer wieder vor und zurück* und von einer Seite zur anderen*, bis eine große, dünne

Teigplatte entstanden ist. Das gesamte Backbrett ist nun bedeckt mit dem köstlichsten und wunderbarsten Butterplätzchenteig, den man sich denken kann. Nun wollen wir Figuren ausstechen. Wir nehmen verschiedene kleine Förmchen und drücken* sie fest in die Teigplatte hinein. So entstehen Sterne*, Monde*, Tannenbäumchen*, kleine und große Herzen* und sogar ein Lebkuchenmann*. Es gibt aber auch noch viele andere Dinge, die jeder von euch selbst aussuchen kann*.

Nun müssen die Plätzchen auch noch gebacken werden, denn so will sie natürlich keiner essen. Wir legen ein ausgestochenes Teil* nach dem anderen auf das Backblech und bestreichen es mit etwas Eigelb*, damit sie beim Backen eine schöne Farbe bekommen. Zum Schluss wollen wir die Plätzchen noch liebevoll verzieren. Schokostreusel*, Buntzucker*, Zuckerguss* oder kleine bunte Perlen aus Zucker werden besonders sorgfältig darauf verteilt. Das darf natürlich jeder nach seinen eigenen Vorstellungen tun, denn das Verzieren macht jeder ein wenig anders.

Geschafft! Alle Plätzchen sind schön garniert. Sie kommen nun in den Backofen, bis sie ein klein wenig braun geworden sind und dann, ja, dann? . . . dann können sie gegessen werden.

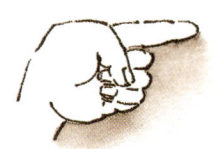  

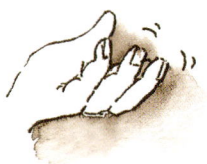

Hilfen zur Durchführung

Wasser läuft über das Blech:	Mit den Fingern Wellenbewegungen von oben nach unten ausführen.
Spülmittel verteilen:	Flüchtiges Betupfen an verschiedenen Stellen des Rückens.
Schwamm rutscht:	Flüchtig mit der flachen Hand über den Rücken rutschen.
Achterbahnfahren:	Mit der flachen Hand Achterkreise beschreiben.
Blech abtrocknen:	Die flach aufgesetzten Hände überall rubbelnd hin- und herschieben.
Mit Öl einpinseln:	Die Finger wie einen Pinsel hin- und herbewegen.
Mit Backpapier belegen:	Großflächig ein gedachtes Papier auf dem Rücken andrücken.
Mehl aufhäufen:	Die Handkanten von allen Seiten zur Mitte schieben.
Tiefe Kuhle:	Die Handballen in der Rückenmitte nach allen Seiten wegschieben.

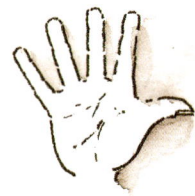   

   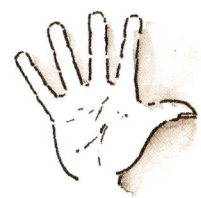

Zucker rieselt: Sehr zarte Berührungen mit den Fingerspitzen beider Hände.

Butterstückchen: Kleine, rechteckige Formen aufmalen.

Zutaten vermischen: Die flachen Hände gegeneinander bewegen.

Zutaten verkneten: Besonders an den Schultern tüchtig kneten.

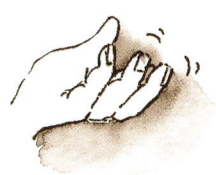

Backbrett mit Mehl bestäuben: Den Rücken nur ganz flüchtig streicheln.

Teig ausrollen: Den Unterarm immer wieder fest über den Rücken rollen.

Formen ausstechen: Die Umrisse der jeweiligen Ausstechform mit einem Finger nachzeichnen.

Plätzchen verzieren: Überall da, wo das schmückende Material gelegt werden soll, mit einer Fingerspitze leicht tupfen.

V Bastelvorlage für Oskar

Wir benötigen

Eine Schere, Tonkarton (etwa 8 x oder mehrere farbige Reste, einen Stift, eventuell einen Zirkel und insgesamt 13 Paketklammern.

Paket-
klammer

Und so geht es weiter

Oskar vergrößern:

Die Schemazeichnung auf einen Fotokopierer um 200 % vergrößern. Das ergibt einen Oskar von etwa A3. (Wem der Oskar zu klein ist, kann auch 2 x um jeweils 140 % vergrößern, dann aber auch mehr Tonpapier bereithalten.)

Oskar ausschneiden:

Die Fotokopie ausschneiden, auf das Tonpapier legen und mit einem Stift die Konturen nachfahren. Anschließend entlang dieser Linie ausschneiden. Augen und Mund frei mit einem Stift auf das Tonpapier übertragen.

Oskar wird beweglich:

Nun die vielen runden Kreise mit der Schere (oder eventuell mit einer Zirkelspitze) durchbohren und schön ausrunden. Die Körperteile logisch Loch auf Loch übereinanderlegen, die Paketklammern durchstecken und die Beinchen auf der Rückseite umbiegen ... und den Oskar wild schlendern lassen.

1 x
Hand rechts

1 x Oskar –
ziemlich verschlafen

1 x Oskar –
diesmal hellwach

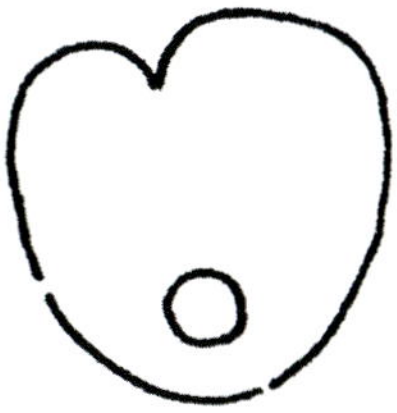

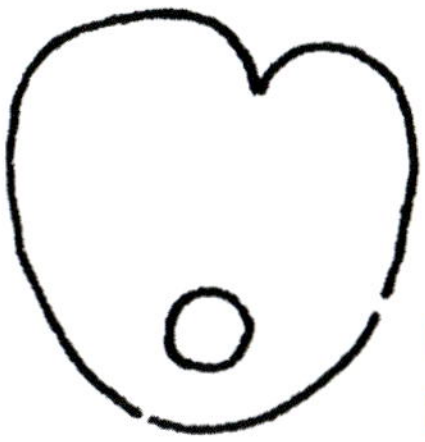

1 x
Hand links

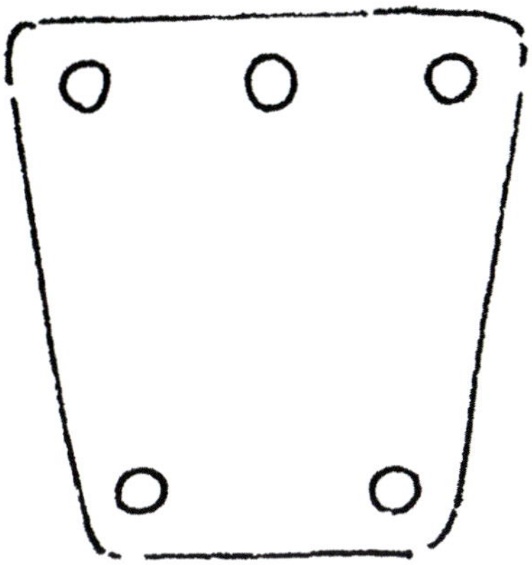

8 x Körper

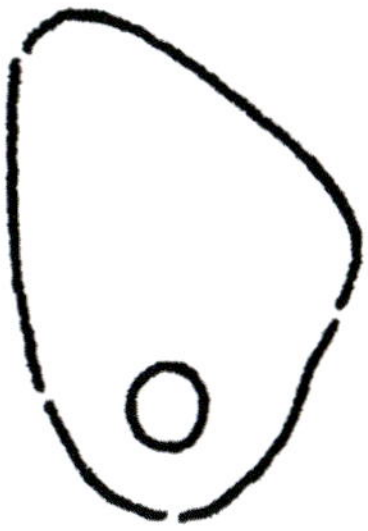

1 x
Fuß rechts

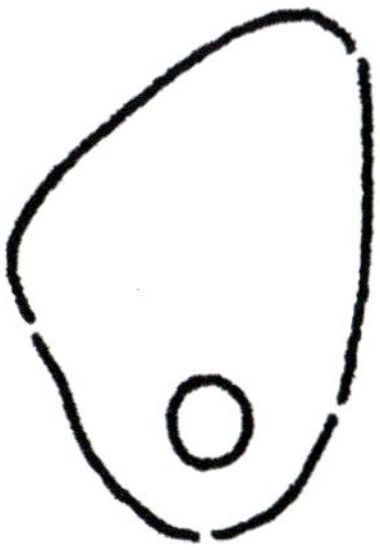

1 x
Fuß links

8 x
jeweils Ober- und Unterarm
Ober- und Unterschenkel

Bildnachweis

Covergestaltung:	Sabine Groten
Zeichnungen:	Kathrin Klotzki-Progri

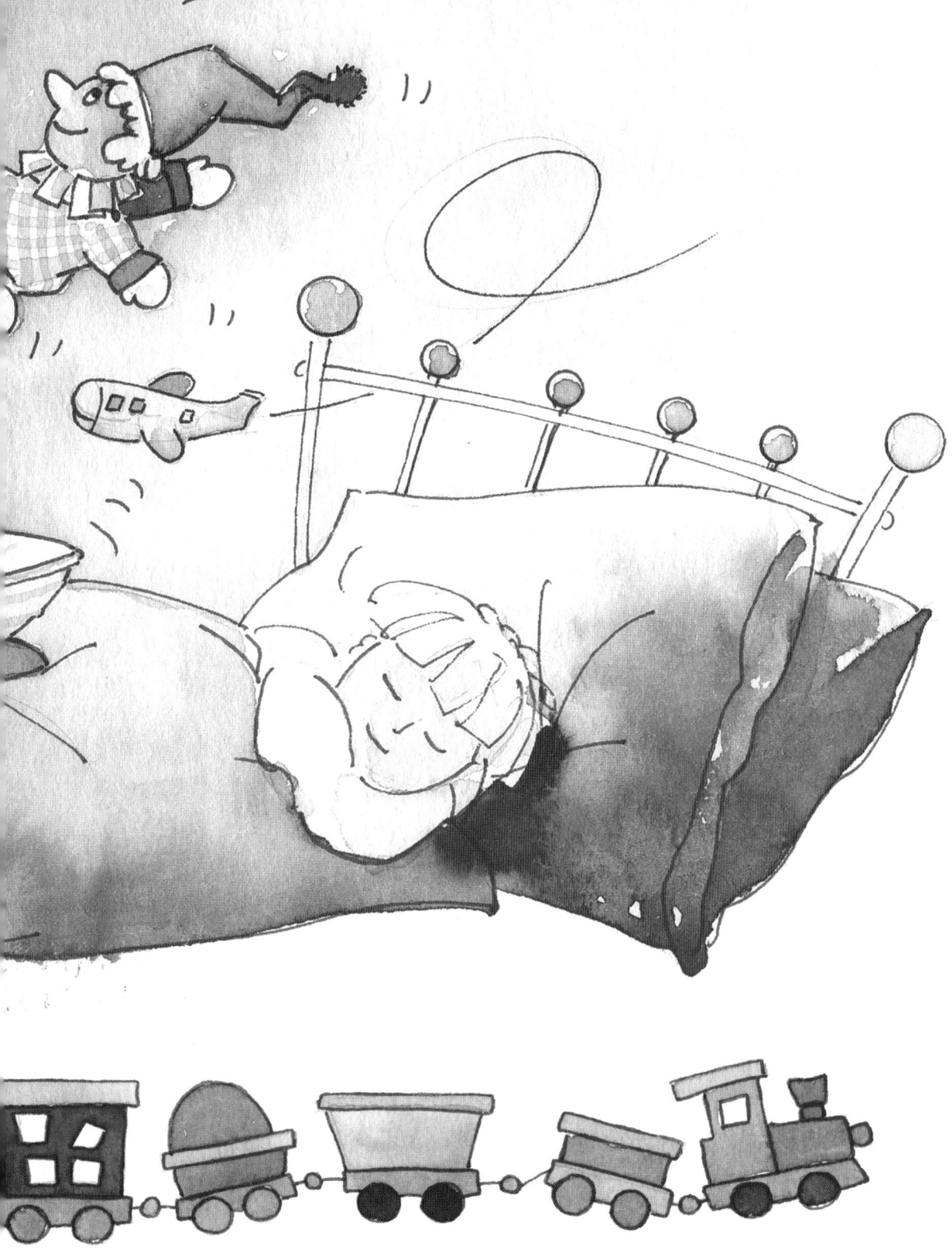

Constanze Grüger

Kleinkinderturnen mit Fantasie

Themenstunden

Hier werden Themenstunden für Kinder von 3-8 Jahren vorgestellt. Die Themen sind mit Spielen, Bewegungs- geschichten, kompletten Bewegungslandschaften und Liedern so aufgebaut, dass sie eine ganze Turnstunde mit Freude und Bewegung ausfüllen.

3. Auflage

152 Seiten, in Farbe
5 Fotos, 82 Illus., 64 Geräteaufbauten
Klappenbroschur, 16,5 x 24 cm
ISBN 978-3-89899-562-7   € [D] 16,95
E-Book 978-3-8403-0469-9

Wo Sport Spaß macht
Sabine van der Heide

Kleinkinder turnen mit ihren Eltern durch die vier Jahreszeiten

- 40 Themenstunden -

Das Buch enthält 40 Themenstunden für das Eltern-Kind-Turnen im Kleinkindbereich. Jedes Kapitel enthält einen Aufwärmteil, einen Hauptteil mit Gerätelandschaften und einen Abschlussteil, alles passend zum jeweiligen Thema (Frühling, Sommer, Herbst oder Winter).

192 Seiten, in Farbe, 282 Fotos
Klappenbroschur, 16,5 x 24 cm
ISBN 978-3-89899-582-5   € [D] 16,95
E-Book 978-3-8403-0727-0

Alle Bücher auch als **E-Books** – bequem & sicher, powered by

Hier bewegt sich was, Band 89
DTJ (Hrsg.), Nicole Gebhardt (Redaktion)
Das bewegte Kinderzimmer
Um Kinder zur Bewegung im häuslichen Umfeld zu motivieren, stellt dieses Pipo-Heft fantasievolle Bewegungsideen vor, für die nicht viel Platz benötigt wird und nur gewöhnliche Haushaltsmaterialien gebraucht werden.

1. Auflage 2011

96 Seiten, in Farbe, zahlreiche Abbildungen
Klappenbroschur, 14,8 x 21 cm
ISBN: 978-3-89899-489-7   € [D] 13,95
E-Book 978-3-8403-0763-8

Hier bewegt sich was, Band 90
DTJ (Hrsg.), Nicole Gebhardt (Redaktion)
Lauf mit, bleib fit!
Mit rasanten Fangspielen, spannenden Bewegungsgeschichten und vielen interessanten Praxistipps vermittelt dieses Pipo-Heft Kindern den Spaß am Laufen und motiviert sie zum Bewegen.

96 Seiten, in Farbe, zahlreiche Abbildungen
Klappenbroschur, 14,8 x 21 cm
ISBN: 978-3-89899-490-3   € [D] 13,95
E-Book 978-3-8403-0764-5

MEYER & MEYER VERLAG
Von-Coels-Str. 390
52080 Aachen
www.dersportverlag.de

Tel.: 02 41 - 9 58 10 - 13
Fax: 02 41 - 9 58 10 - 10
E-Mail: vertrieb@m-m-sports.com
oder bei Ihrem Buchhändler

MEYER
& MEYER
VERLAG